돈이 보이는 빅데이터

돈이 보이는 빅데이터

1판 1쇄 인쇄 2018. 6. 18.
1판 1쇄 발행 2018. 6. 26.

지은이 이종석

발행인 고세규
편집 임지숙 조은혜 | 디자인 이은혜
발행처 김영사
등록 1979년 5월 17일 (제406-2003-036호)
주소 경기도 파주시 문발로 197(문발동) 우편번호 10881
전화 마케팅부 031)955-3100, 편집부 031)955-3200 | 팩스 031)955-3111

값은 뒤표지에 있습니다.
ISBN 978-89-349-8185-5 03320

홈페이지 www.gimmyoung.com   블로그 blog.naver.com/gybook
페이스북 facebook.com/gybooks   이메일 bestbook@gimmyoung.com

좋은 독자가 좋은 책을 만듭니다.
김영사는 독자 여러분의 의견에 항상 귀 기울이고 있습니다.

이 도서의 국립중앙도서관 출판예정도서목록(CIP)은 서지정보유통지원시스템 홈페이지
(http://seoji.nl.go.kr)와 국가자료공동목록시스템(http://www.nl.go.kr/kolisnet)에서
이용하실 수 있습니다. (CIP제어번호 : CIP2018017921)

새로운 기회와 수익을 만드는 빅데이터 사용법

돈이 보이는 빅데이터

이종석 지음

김영사

프롤로그

2012년 국내에 빅데이터가 소개되면서 버락 오바마 전 미국 대통령의 선거 승리 등 빅데이터 성공 사례들이 쏟아지기 시작했다. 그러나 인터넷상의 데이터나 소셜데이터를 활용해 유사 시도를 한 기업들 대부분이 아무것도 얻지 못하면서 빅데이터에 대한 부정적인 시각이 커졌다. 최근 국내에 나오는 빅데이터 혹은 인공지능 관련 서비스들도 이름은 첨단이지만 알맹이는 기존과 다르지 않은 것들이 대부분이다. 이런 서비스를 경험한 개인이나 기업들은 인공지능이나 빅데이터에 대해 부정적인 시각을 가질 수밖에 없다.

특히 기업은 실제 업무에 빅데이터를 적용해서 수익을 창출하고 싶어 한다. 기업의 최고경영자들은 빅데이터 조직도 만들고 달성 목적을 부여했음에도 성과가 나오지 않는 문제를 해결하고 싶어한다. 이런 현실적인 질문에 답을 얻으려면 실무진들이 빅데이터가 무엇인지 정확히 알아야 하지만, 지금껏 나온 빅데이터 관련 서적 저자들은 대부분 컨설턴트나 학자 혹은 개발자들이었다. 책으로 수많은 알고리즘과 개발 언어를 배워도 실제 업무에 적용하는 법을 모르면 성과를 낼 수 없다. 비즈니스 현장에는 실제 업무에 빅데이터를 적용해 돈을 벌고 싶다는 목마름이 있다. 빅데이터 관련 업무를 희망하는 직장인들이나 학생들도 마찬가지다. 필자는 이 책을 통해 실제 업무에 빅데이터를 적용한 사례들을 제시하면서 비즈니스와 빅데이터를 접목시켜 성과를 내는 길을 제시하고 싶다.

사람들은 비즈니스에서 인공지능-머신러닝-빅데이터가 성공할수록 인간이 직업을 잃게 될 거라고 생각한다. 물론 빅데이터와 머신러닝에 기반한 인공지능의 목적은 인간의 감각과 지능을 흉내 내어 인간처럼 사고하고 행동하는 것이다. 아직까지는 인공지능이 인간과 유사하게 보고 들을 수 없지만, 기술의 발전으로 인간의 감각을 완벽히 구현하는 인공지능이 나온다면 단순하고 반복적인 일들은 인공지능으로 대체될 것이다. 하지만 산업 현장에 로봇이 등장했던 과거에도 지금처럼 일자리에 대한 우려가 있었다. 제3차 산업혁명 시대가 시작된 후 로봇이 인간의 일자리를 뺏는 것 같았다. 하지만 스마트폰 등 모바일 기술과 SNS 서비스를 구현하는 기술이 발전하자 IT 기술에 기반을 둔 아마존, 페이스북 같은 거대 기업들

돈이 보이는 빅데이터

이 탄생했고 새로운 일자리가 만들어졌다.

　제4차 산업혁명도 마찬가지다. 모든 산업의 소비자는 머신이 아닌 인간이고, 개인들의 소비 패턴은 점점 더 세분화되고 있다. 때문에 앞으로는 빅데이터에 기반한 인공지능 혹은 머신러닝을 인간의 창의성과 결합해 소비자의 감성에 호소하는 새로운 비즈니스를 만드는 기업들이 생기면서, 전에는 존재하지 않았던 일자리가 만들어질 것이다. 제3차 산업혁명 시대와 한 가지 다른 점은 새로운 직업을 만들 인공지능-머신러닝-빅데이터를 제대로 알고 이해하려는 노력이 필요하다는 점이다.

　이 책은 기업에서 인공지능-머신러닝-빅데이터 관련 업무를 하거나 향후 스타트업을 준비하는 등 관련 업무 종사자뿐만 아니라 빅데이터 분야에 관심을 갖고 있는 모든 이들에게 방향을 제시하는 책이다. 때문에 인공지능 및 머신러닝 알고리즘이나 개발 언어 등 반드시 알아야 할 최소한만 소개하는 등 이 분야를 처음 접하는 사람도 이해할 수 있게 썼다. 일반인들도 조금만 관심을 가진다면 대중에게 공개된 머신러닝 알고리즘과 데이터를 활용해 새로운 비즈니스를 만들어낼 수 있을 것이다. 알면 알수록 돈이 보이는 빅데이터로 모든 사람들이 돈을 버는 날이 오기 바란다.

2018년 여름

이종석

PART

1

처음부터
다시 알아야 할
빅데이터

1

빅데이터를 활용할지 모르는 기업들

현재 대부분의 기업 최고경영자들은 기업 경영에 빅데이터 분석이 매우 중요하다고 강조하고 있다. 그런데 기업들이 실제로 빅데이터를 경영에 얼마나 활용하고 있는지 살펴보면 기존에 하던 분석과 크게 다르지 않다. 인공지능 등 디지털 기술 활용을 위해 빅데이터가 중요하다는 사실을 미리 간파하여 빅데이터에 엄청난 투자를 하는 기업들조차 성과는 아직 미비하다. 몇 년째 빅데이터에 대한 분석과 논의가 진행되고 있지만 실제로 성과가 있는지 의문을 갖는 사람들도 많다. 빅데이터 관련 조직을 만든 국내 기업들도 비즈니스 효율성을 높이는 작은 성과들은 거두고 있지만 미래의 먹거리를 만들어낼 만한 새로운 비즈니스를 발굴해내지 못하고 있다. 글로벌 기업들도 사정은 마찬가지다.

그렇다면 기업 최고경영자들의 강조에도 불구하고 현실에서는 왜 빅데이터로 새로운 비즈니스를 만들어내지 못할까? 그 대답은 2016년 한국을 방문한 미국 빅데이터 플랫폼 기업 스플렁크Splunk CEO 더그 메리트Doug Merritt가 국내 한 신문사와 인터뷰한 내용에서 찾을 수 있다.

빅데이터 시장은 아직도 초기 단계에 불과해서 대부분의 기업들이 빅데이터를 어떻게 활용할지 갈피도 제대로 못 잡고 있다.

일부 기업의 최고경영자들이 빅데이터의 중요성을 인지하고 빅데이터를 어떻게 활용할지에 대해 연구하고, 외부 컨설팅 회사의 자문을 구하고 있지만, 아직까지 속 시원하게 방향성을 제시하는 곳은 없다. 내가 근무했던 기업들도 빅데이터에 비용과 시간을 투자할 만한 비즈니스를 찾지 못한 것 같다. 빅데이터에 투자하는 기업들이 글로벌 선두 기업들처럼 빅데이터로 무엇을 해야겠다는 구체적인 방향을 설정할 역량을 보유하려면 다소 시간이 필요할 것으로 보인다. 이와 관련해서 더그 메리트는 다음과 같이 말했다.

앞으로 5년 안에 평범한 기업들도 빅데이터의 의미를 제대로 이해하고 잠재가치를 실현할 시기가 올 것이다. 그리고 20년 정도 지나면 기후변

화나 식량확보, 난치병 극복 등 다양한 인류 문제를 해결하는 데 빅데이터가 크게 기여할 것이다.

더그 메리트의 의견에 전적으로 동의한다. 그의 말처럼 빅데이터는 일반 기업에게 글로벌 선두 기업과 동등한 수준으로 성장할 수 있는 기회를 제공한다. 반대로 빠른 시간 내에 빅데이터 활용에 대한 갈피를 잡지 못한다면 결국 경쟁에서 뒤처질 수밖에 없다는 사실을 간과해서는 안 된다.

비단 대기업뿐만 아니라 중소기업들도 빅데이터가 주는 특별한 혜택을 차별 없이 받을 수 있다. 어떻게 이런 일이 가능할까? 과거에는 대부분의 분석 소프트웨어가 고가였기 때문에 중소기업에게는 분석 소프트웨어 구매가 큰 부담이었다. 하지만 구글, 페이스북, 아마존 등 제4차 산업혁명의 글로벌 선두 기업들이 자체적으로 활용하는 인공지능 알고리즘을 오픈소스 소프트웨어Open Source Software(소스 코드를 공개해 누구나 특별한 제한 없이 코드를 보고 사용할 수 있는 오픈소스 라이선스)로 공개하기 시작했다. 중소기업들도 오픈소스 소프트웨어에 있는 인공지능 관련 고급 알고리즘을 활용할 역량만 있다면, 얼마든지 혜택을 누릴 수 있는 환경이 구축된 것이다.

이미 구글은 2015년에 검색, 음성인식, 번역 등 구글 앱에 사용하던 머신러닝Machine Learning 엔진의 모든 인공지능 알고리즘을 오픈소스 소프트웨어인 '텐서플로TensorFlow'라는 이름으로 공개했다.

돈이 보이는 빅데이터

페이스북도 2015년 1월 자신들이 개발한 알고리즘을 딥러닝Deep Learning 소프트웨어 프로젝트 '토치Torch'에서 쓸 수 있도록 오픈소스 소프트웨어로 전환했다. 그 뒤로 꾸준히 새로운 인공지능 관련 알고리즘을 무료로 공개하기 시작했다. 물론 오픈소스 소프트웨어라고 무조건 무료는 아니다. 라이선스 유형에 따라 상업용으로 활용 시 나중에 비용을 지불해야 되는 경우도 있다. 부분적으로 비용을 지불할 수도 있다. 하지만 오픈소스 소프트웨어의 무시할 수 없는 가장 큰 장점은 소스 코드가 공개된다는 것이다. 어느 정도 머신러닝, 혹은 인공지능 관련 지식이 있다면 공개된 코드를 비즈니스에 적용할 수 있도록 수정하거나 이를 상업적으로 판매하는 것도 가능하다. 즉, 구글 등 선도 기업들이 개발한 알고리즘이 어떻게 작동하는지 누구나 볼 수 있고, 지식 또한 충분히 얻을 수 있다. 좀 더 노력하면 알고리즘을 응용해 실제 비즈니스에 적용하는 것도 가능하다. 그러므로 중소기업들도 인공지능 알고리즘 활용 교육에 투자한다면 글로벌 선두 기업들이 오픈소스 소프트웨어로 제공하는 알고리즘의 혜택을 충분히 누릴 수 있다.

이미 인공지능 알고리즘의 전문가가 아닌 일반인이 구글의 텐서플로에 포함된 이미지 합성 알고리즘을 학습시켜 가짜 영상을 만들어 배포한다는 기사가 매스컴을 탈 정도다. 일반인이라도 관심과 노력만 있다면 충분히 오픈소스를 활용할 수 있다는 가능성을 보여준 것이다. 과거 중소기업들은 아무리 독창적인 아이디어가 있어도 아이디어를 실현하는 데 필요한 머신러닝, 인공지능 알고리즘을 자체적으로 개발하지 못해 창의적이고 새로운 비즈니스를 포기해야 했다. 하지만 빅데이터를 어떻게 활용할지 갈피를 잡고, 비즈니스에 필요한 머신러닝, 인공지능 등 빅데이터 관련 고급 분석 알고리즘이 오픈소스에 포함되어 있는지 관심을 갖고 살펴본다면 얼마든지 새로운 비즈니스를 만들어낼 수 있다.

물론 빅데이터에는 제한이 있다. 머신러닝 혹은 인공지능 학습에 상당히 긴 시간이 소요된다는 것이다. 하지만 이 제한이 중소기업에게는 엄청난 매력으로 작용할 수 있다. 어느 대기업에서 성능 좋은 알고리즘을 개발했다고 해도 업무를 수행하려면 상당 기간 학습을 시켜야 한다. 아무리 대기업이라도 머신러닝이나 인공지능은 금방 따라 할 수 없는 기술이다. 구글이 인공지능 바둑 알고리즘인 알파고를 개발하던 딥마인드DeepMind라는 스타트업을 왜 인수했고, 인수한 뒤에도 3년간 약 5000억 원 규모의 엄청난 투자를 했는지 생각하면 무슨 말인지 알 수 있을 것이다.

향후 5년 안에 구글, 페이스북 등과 같은 제4차 산업혁명의 선두기업들이 자신들이 개발한 머신러닝, 인공지능 알고리즘을 점점 더 많이 무료로 공개할 것이다. 앞으로 몇 년 안에 중소 규모의 일반기업이 대기업이 미처 발견하지 못한 비즈니스 영역에서 인공지능과 빅데이터를 결합한 새로운 먹거리를 만들어내는 것에도 매우 긍정적으로 기대하고 있다. 때문에 기업 규모에 상관없이 기업의 최고

경영자들은 빅데이터의 의미를 제대로 이해하고 잠재가치를 어떻게 활용할지 빨리 갈피를 잡아야 한다. 오픈소스 소프트웨어가 앞으로 촉발시킬 빅데이터 생태계가 모바일 생태계와 매우 유사한 성장 모습을 띠고 있기 때문이다.

스마트폰의 성장을 촉발한 애플을 보면, 하드웨어뿐만 아니라 소프트웨어인 스마트폰 앱도 지속적으로 개발해온 것처럼 보인다. 그러나 애플은 앱을 개발한 것이 아니라 다소 학습이 된 일반인이라면 누구라도 쉽게 앱을 만들 수 있게 개발 환경을 제공했다. 애플 아이폰의 폭발적인 확산에 큰 공헌을 한 건 스마트폰 성공에 필수적인 앱이 개발될 수 있는 환경이었다. 애플 내부에 아무리 많은 앱 개발자가 있다고 해도 고객이 필요로 하는 그 많은 앱들을 다 개발할 수는 없다. 만들어낸 앱들이 다 성공할 수도 없다. 애플은 일반인들이 쉽게 앱을 개발할 수 있는 환경을 마련해 일반인을 앱 개발에 참여시키는 것을 유일한 해결책으로 보고 총력을 기울였던 것이다. 일반인들은 앱 개발로 돈을 벌 수 있다는 사실에 본인들이 만든 앱을 사람들이 사용할 수 있도록 다양한 아이디어를 냈고, 이렇게 만들어진 앱은 아이폰을 통해 확산되기 시작했다. 그중 히트를 친 앱들이 나오면서 모바일 생태계가 안정화되기 시작했다.

스마트폰을 기반으로 모바일 생태계가 만들어진 것처럼 구글, 페이스북 등이 새로운 비즈니스 개발에 필요한 인공지능, 머신러닝, 딥러닝 기반의 알고리즘들을 오픈소스 소프트웨어로 공개하고 일반 기업이 활용할 수 있는 플랫폼 형태로 제공하기 시작하면서 빅데이터 기반의 새로운 생태계는 급격히 성장하는 중이다. 이제 평범한 기업들도 디지털 기술 기반의 새로운 비즈니스에 대한 창의적인 아이디어를 내고, 아이디어에 필요한 인공지능 알고리즘을 오픈소스 소프트웨어에서 찾은 후, 학습에 필요한 빅데이터만 제대로 수집할 수 있다면 기존 대기업과의 경쟁구도를 뒤엎는 새로운 비즈니스를 창조할 수 있을 것이다. 물론 그렇게 하기 위해서는 빅데이터의 의미를 제대로 이해해야 한다. 이 관문을 통과하기란 쉽지 않겠지만 충분히 가치 있는 일이다.

빅데이터 생태계는 모바일 생태계와 다르게 일반인들이 참여하기에는 어려운 난관이 있다. 빅데이터를 확보해야 하기 때문이다. 아이디어가 있고 딥러닝 등과 같은 인공지능 알고리즘이 무료로 제공된다 해도 학습에 필요한 빅데이터 수집이라는 장애물이 생긴다.

빅데이터 확보는 어렵다. 현재까지 인공지능, 머신러닝, 빅데이터로 성공한 글로벌 선두 기업들의 사례에서 빅데이터 수집에 관하여 살펴보자. 마이크로소프트나 다른 선두 기업들은 개나 고양이 사진을 보여주면 고양이를 맞추는 인공지능 이미지 인식 알고리즘을 경쟁적으로 세상에 선보이고 있다. 과거에도 이미지 인식 알고리즘은 존재했는데 왜 이제야 이런 알고리즘이 성과를 내기 시작한 것일까? 인공지능 이미지 인식 알고리즘의 학습을 위해서는 엄청나게 많은 개나 고양이 사진이 필요하다. 구글은 2012년 고양이 얼굴 인

돈이 보이는 빅데이터

식을 위해 유튜브에서 약 천만 개의 사진을 수집했다. 인터넷이나 SNS가 발달하기 이전에는 그만한 양의 사진을 수집하려면 전 세계의 사진작가들에게 사진 한 장당 비용을 줘야만 가능했다. 과거에는 빅데이터 수집 자체만으로도 큰 비용이 소요되기 때문에 그만한 비용을 투자할 기업은 없었다. 하지만 지금은 사람들이 자신들의 애완견, 고양이 사진을 찍어서 SNS에 올리고 있다. 사진을 구매하지 않고 SNS에서 간단히 검색만 해도 엄청난 양의 개나 고양이 사진이 나온다.

이제 마이크로소프트나 그 외 기업들은 성공 사례를 만들기 위해 필요한 빅데이터를 무료로 얻을 수 있다. 물론 일반인도 이런 데이터를 수집해 성공 사례를 만들 수 있지만 아무런 금전적인 보상이 주어지지 않는데 굳이 이렇게 힘든 일을 할 사람이 있을까? 일반인이 빅데이터 생태계에서 활동하려면 빅데이터 활용을 통해 얻는 것이 있어야 한다. 하지만 이런 빅데이터는 아직도 금융사, 통신사, 유통사 등과 같은 대기업 내에만 존재하기 때문에 개인 차원에서 빅데이터를 수집할 수 있는 방법은 아직 없다.

국내에서도 빅데이터 생태계에 대한 국가적 관심이 높아지고 있지만, 개인정보보호 문제를 먼저 해결해야 한다. 의료, 금융, 통신, 유통 빅데이터는 개인정보를 포함하고 있기 때문에 이용 목적에 따라 개인의 사생활을 침해할 수도 있다. 약학정보원이 2011년부터 2014년까지 IMS헬스코리아라는 다국적 기업에 약 4000만 명의 처방전 정보를 판매한 사건이 있었다. 개인정보를 포함한 빅데이터의 비식별화(정보의 일부 또는 전부를 삭제·대체하거나 다른 정보와 쉽게 결합하지 못하도록 하여 특정 개인을 알아볼 수 없도록 하는 일련의 조치)를 제대로 하지 않으면 다른 정보와 결합되어 재식별될 수 있다. 그러면 개인의 투약 정보가 노출되어 귀찮은 마케팅에 노출되거나 보험 심사 등에서 불이익을 받을 수 있기 때문에 사생활을 침해하게 된다. 하지만 비식별화를 심하게 할 경우 데이터 양이 많아도 의미 없는 정보가 된다. 따라서 민감한 개인정보를 포함한 빅데이터의 경우 데이터 활용에 대한 사회적 공감대가 형성되어야 한다. 그래야만 개인정보가 보호되면서도 개인이나 스타트업 기업들의 참여도 크게 늘어날 것이다.

빅데이터의 의미를 제대로 이해하면 평범한 중소기업이나 개인들도 빅데이터로 가치를 창출하고 빅데이터 생태계도 만들어질 수 있다. 하지만 아직까지도 대다수 개인과 기업들은 명확한 활용 방법을 모르고 있다. 그 이유와 극복 방안을 살펴보도록 하자.

돈이 보이는 빅데이터

2

3Vs라는 모호한 정의

2012년 국내에 '빅데이터'라는 용어와 개념이 빠르게 확산되었다. 그런데 빅데이터의 의미를 제대로 이해하는 데 현재까지 많은 어려움을 겪고 있다. 빅데이터 도입 초기에 빅데이터는 단어 그대로 거대한 데이터를 의미하는 것으로 받아들여졌다. 대부분의 기업은 기업 내에 보유하고 있는 데이터가 빅데이터인지 아닌지에 대해 확실한 답변을 듣고 싶어 했다. 또 빅데이터가 되기 위해서는 외부 데이터를 활용해야 한다는 주장이 나오자, 그렇다면 기업에 필요한 외부 데이터를 어디서 찾아서 얼마나 많이 추가해야 되는지를 알려고 노력했다.

데이터가 얼마나 커야 빅데이터인지 명확한 정의는 어디에도 없었다. 이런 빅데이터 정의의 모호함으로 빅데이터는 버즈워드(명확한 합의와 정의가 없는 용어)나 일시적인 유행어 취급을 받았다. 글로벌 상황도 마찬가지였다. 2015년 한국을 방문한 전자결제 서비스 회사 페이팔PayPal의 공동 창업자인 피터 틸Peter Thiel 팰런티어 테크놀로지 회장은 한 강연에서 요즘 실리콘밸리에서 자주 나오는 빅데이터 등의 유행어를 내세우는 회사들은 다 사기라고 할 정도였다.

국내에 많이 소개된 빅데이터에 대한 정의는 더그 레이니Doug Laney 메타그룹(현재는 IT 전문 시장조사 및 컨설팅 자문회사인 가트너에 합병) 애널리스트가 자신이 담당했던 고객사의 문제를 언급한 것에서 유래했다. 그가 담당한 고객사는 기업 내의 데이터 형태가 급속하게 다양해지면서 데이터의 양도 엄청나게 불어나는 문제를 효율적으로 해결할 수 있는 방법을 찾고 싶어 했다.

더그 레이니는 고객사가 직면한 문제의 특징을 규모Volume, 다양성Variety, 속도Velocity로 정의했다. 이 정의를 메타그룹을 인수한 가트너가 이듬해에 3Vs로 정리하면서, 애매모호한 정의로 어려움을 겪던 빅데이터에도 적용했다. 빅데이터는 이때부터 '빠른 속도로 입출력이 가능한 다양한 범위와 유형을 가진 큰 데이터'라는 공식적인 정의로 세상에 알려졌다.

여기서 반드시 짚고 넘어가야 할 점은, 더그 레이니가 언급한 3Vs는 구글이나 페이스북처럼 데이터가 폭증하는 기업들에만 해당한다는 것이다. 기업들 대부분은 이런 데이터의 폭증이 없기 때문에

돈이 보이는 빅데이터

빠른 속도로 입출력이 가능하며 다양한 범위와 유형을 가진 큰 데이터 처리에 관심을 가질 이유가 없다. 하지만 더그 레이니가 말하고자 했던 빅데이터의 속성이 정의로 받아들여지면서, 전 세계적으로 기업들은 3Vs의 모호한 개념을 가진 빅데이터가 무엇인지 또 한번 혼란에 빠지게 되었다.

기업들이 각 정의별로 어떤 부분을 혼란스러워하는지 정리하면 다음과 같다.

규모

빅데이터에 대한 명확한 기준은 없다. 많은 기업들은 빅데이터의 크기와 보유하고 있는 데이터가 빅데이터인지 아닌지에 대해 혼란스러워한다. 기업마다 컨설팅 펌이나 관련 IT 기업들에게 빅데이터의 기준을 요구하기 시작했지만 명확한 기준을 제시할 수 있는 곳이 없다. 만약 누가 2PB(페타바이트)를 기준으로 제시하면 누군가는 1.9999PB는 왜 빅데이터가 될 수 없는지 반문할 수 있기 때문이다.

이런 현상은 매우 생소한 빅데이터라는 용어가 전 세계적으로 갑자기 대중적으로 소개되면서 발생한 것이지만, 전문가들 사이에서 매우 거대한 데이터를 빠르게 처리하고 분석하려는 노력은 아주 오래전부터 있었다. 어떻게 보면 이미 이런 거대한 데이터를 다룰 수밖에 없는 일부 기업들, 학계에서 관련 연구를 하는 연구원들 정도의 매우 적은 전문가들이 사용하는 전문적인 용어가 아무런 배경지식이 없는 일반 기업이나 일반인에게 갑자기 공개되면서 일반 용어로 전환되어가는 과정에서 발생할 수밖에 없는 현상일 수 있다.

빅데이터는 아니지만 거대한 데이터를 가리키는 용어를 필자가 처음 접한 것은 데이터 마이닝을 전공하면서였다. 당시는 빈약한 컴퓨팅 파워로 거대한 양의 데이터를 어떻게 빠르게 분석해낼 수 있는지를 고민하던 시기로, 이 문제를 해결하기 위해 리서치를 하면서 'VLDB Very Large Database'라는 용어를 처음 알게 되었다. 굳이 번역을 하면 '매우 거대한 데이터베이스'다. 그럼 언제부터 이런 거대 데이터 처리 및 분석에 대한 필요성이 학문으로 대두되기 시작했을까? 놀랍게도 1975년도에 VLDB 관련 1차 국제 컨퍼런스가 있었다. 지금으로부터 약 40여 년 전이다.

재미있는 사실은 그때도 VLDB의 기준을 정하는 데 논란이 많았다는 것이다. 국제 컨퍼런스를 통해 1TB(테라바이트) 이상이면 VLDB라는 최초의 정의가 표준으로 정해졌지만 IT 기술의 발전 속도가 급속하게 빨라지며 저장장치의 크기가 1TB를 넘자 데이터 수가 1조 이상이면 VLDB로 변경되었다. 단순히 크기의 거대함을 의미하는 데이터는 과거에도 존재했기 때문에 빅데이터를 단순히 규모로 이해하기에는 한계가 존재한다. 크기에 대한 논쟁은 과거 VLDB와 똑같이 발생할 수밖에 없기 때문이다. 물론 VLDB와 빅데이터는

돈이 보이는 빅데이터

데이터 정형화 필요성, 사용 권한 그리고 데이터 처리 및 연산이라는 세 가지 관점에서 다르지만 현재 기업 내에 존재하는 데이터들은 어떻게 보면 VLDB와 차이점이 없다.

1. VLDB는 데이터를 수집한 뒤 데이터베이스에 정형화해서 적재한다. 하지만 빅데이터는 수집된 그대로 적재해도 된다. 즉, 데이터 정형화를 위한 비용이 들지 않는다.

2. 데이터베이스이기 때문에 권한이 있는 사용자만 접근 및 사용이 가능하다. 데이터베이스는 기업 내부에 있어서 거대 데이터를 수집 및 분석하기 위해서는 인공지능 혹은 머신러닝 분석이 가능한 분석 인력을 새롭게 채용해야 한다.

3. 거대 데이터를 처리하기 위해서는 고성능의 하드웨어가 필요했다. 현재까지 개발된 대부분의 인공지능, 머신러닝 등과 같은 분석 알고리즘은 고성능 컴퓨터 한 대에서만 구동할 수 있는 형태로 개발되었기 때문에 빠른 분석을 위해서는 슈퍼컴퓨터와 같은 고성능 하드웨어를 구입해야 한다. 분산, 병렬 처리를 장점으로 하는 빅데이터 플랫폼에 활용하기 위해서는 분산 및 병렬 처리 가능한 알고리즘을 추가로 개발해야 한다.

기업에 따라서는 이미 엄청난 양의 데이터를 보유하고 있을 수 있다. 분석 시 데이터 양이 많으면 슈퍼컴퓨터처럼 비싼 시스템이 필요한 반면 분석 속도는 느려진다. 심한 경우 원하는 시간 내에 결과를 얻을 수 없을 정도로 느려진다. 이런 이유로 현재 보유한 모든 데이터를 한꺼번에 분석해본 기업은 없을 것이다. 따라서 빅데이터의 규모는 단순히 보유하고 있는 데이터의 양을 의미하는 것이 아니라, 한 번에 분석 가능한 데이터의 양을 의미한다.

다양성

국내 빅데이터 도입 초기인 2012년 외부 비정형 데이터를 활용한 해외의 비데이터 성공 사례가 많이 언급됐다. 그중 가장 큰 성공 사례가 버락 오바마 전 대통령이 2012년 미국 대통령 선거에서 승리를 거둔 사건이다. 오바마는 대선 2년 전부터 빅데이터 분석팀을 꾸렸다. 구매 가능한 모든 상업용 데이터를 취합하고 분석해 잠재적 지지자들이 관심을 가질 만한 메시지를 예측했다. 이 빅데이터 분석팀이 트위터의 트윗 같은 소셜데이터를 많이 활용했다고 알려지면서 한때 빅데이터 분석은 소셜데이터 분석으로 인지될 정도였다. 글로벌도 상황은 마찬가지였다. 2008년, 구글이 독감 유행 시기 예측 서비스인 독감 트렌드Google Flu Trend를 발표하면서 소셜데이터가 곧 빅데이터라는 생각은 전 세계적으로 확산되었다. 구글은 독감 트렌드 서비스가 독감과 관련 있는 단어 검색 빈도를 추적해 미

돈이 보이는 빅데이터

국 질병관리본부보다 1주 이상 빠르게 독감 유행 시기를 예측할 수 있다고 했다.

당시 많은 기업경영자들의 주 관심사는 우리 회사에 정말 필요한 외부 데이터는 무엇이고 어디에서 구할 수 있는가였다. 소셜데이터를 기반으로 한 성공 사례가 들리면서 기업들은 소셜데이터 분석 전문 업체에게 데이터 분석을 의뢰하기 시작했다. 하지만 소셜데이터 분석을 기반으로 마케팅을 진행한 기업 담당자들은 마케팅에 유효한 분석 결과가 나온 건지, 이 결과가 다수의 의견이 맞는지 확신하지 못했다. SNS가 국내 기업들의 주요 홍보 채널로 급격히 부상하면서 이런 혼란은 더 커지고 있다. 소셜데이터에는 너무 많은 기업의 홍보 데이터가 섞여 있어 고객의 진짜 피드백을 찾는 게 더 어려워졌기 때문이다.

이는 구글 독감 트렌드가 실패한 이유와 같은 맥락이다. 뉴욕 시는 2013년 공중보건 경보를 발령했다. 독감 시즌에 이런 경보가 발령되자 온갖 미디어가 독감 관련 내용을 다뤘고, 독감과 상관 없는 사람들도 독감 관련 키워드를 검색하기 시작했다. 독감 관련 단어 검색 빈도는 폭증했고, 독감 트렌드는 실제 독감 발생률의 두 배에 달하는 예측치를 내놓았다. 구글은 서비스를 종료해야 했다.

속도

실시간으로 데이터를 수집해서 분석하려면 IT 분야에 많은 투자가 필요하지만 기업은 쉽게 결정을 내리지 못한다. 빅데이터 분석에 투자한 만큼 수익을 얻을 수 있을지 걱정되기 때문이다.

국내에 빅데이터가 소개된 이후 글로벌 IT 기업을 선두로 한 일부 기업들은 하둡Hadoop(2006년 더그 커팅과 마이크 캐퍼렐라가 개발한 공개 소프트웨어. 구글이 저가형 NT서버를 활용한 분산 파일 시스템GFS 논문을 공개한 후, 그 구조에 대응하기 위해 만들어졌다)과 같은 기술적인 부분으로 빅데이터를 설명하며 구글, 야후, 페이스북처럼 빅데이터 플랫폼을 구축해야 한다는 점을 강조했다. 그래서 한때 빅데이터는, 하둡이라는 저가형 NT서버를 활용한 대용량의 데이터를 저비용으로 저장할 수 있는 기술로 인식되던 시기도 있었다. 국내에서는 2012년 삼성전자가 빅데이터 플랫폼 구축을 위한 파일럿 프로젝트를 진행했다. 파일럿 프로젝트의 결과는 빅데이터 수집 및 저장 기술에 관심을 가졌던 다른 기업들에게도 퍼졌다. 이 프로젝트는 빅데이터가 단순히 데이터를 수집하고 저장하는 기술만 의미하지 않는다는 인식의 대전환을 이끌어낸 계기가 됐다.

집에 있는 컴퓨터 성능을 올리려면 중앙처리장치인 CPU의 속도도 중요하지만, 데이터를 단기간 저장하는 램RAM과 영구적 저장장치인 하드디스크의 성능 역시 중요하다. 결국 CPU, 램 메모리, 하드디스크, 이 세 가지 장치의 성능이 컴퓨터 성능을 좌우하는 것이다. 고성능 CPU와 많은 양의 메모리, 데이터 영구 저장이 가능한 SSD 하드디스크를 컴퓨터에 추가했다고 가정해보자. 단지 이것만으로 투자비용 대비 컴퓨터의 성능이 좋아졌다고 확신할 수 있을까? 컴퓨터 성능이 좋아야만 할 수 있는 게임을 한다거나 저장 용량이 부족해서 미처 저장하지 못했던 음악이나 영화를 저장하는 등 컴퓨터를 활용해야만 투자 대비 효과를 느낄 수 있을 것이다. 하지만 활용을 했음에도 불구하고 저장 공간이 너무 많이 남았다면, 투자가 옳은 일이었는지 의문이 들 것이다. 빅데이터 플랫폼도 마찬가지다. 플랫폼 구축이 중요한 게 아니라 구축된 플랫폼의 활용 방안을 명확히 세우고 나서 필요 목적에 맞게 플랫폼을 구축해야 된다.

빅데이터 조직을 운영할 때 빅데이터 플랫폼 도입을 끊임없이 검토했지만 쉽게 추진하지는 못했다. 빅데이터 플랫폼 도입의 장점은 기존 분석 시스템 대비 도입 비용이 저렴하다는 것이다. 하지만 하둡 등과 관련된 오픈소스 기술이 국내에 소개된 지 얼마 되지 않아 플랫폼을 가장 효율적으로 구축할 수 있는 전문가는 아직 양성되지 않았다. 플랫폼을 구축하더라도 계속 개선만 하는 상황에 직면할 수도 있다. 이럴 경우 도입 비용이 저렴하다는 장점이 사라진다. 또 빅데이터 플랫폼을 도입해서 단순히 빅데이터 분석만 수행한다면 성과를 낼 수 있는 방법이 별로 없다. 성과를 내려면 빅데이터 플랫폼이 실제 업무 시스템과 연결되어야 한다. 각 업무 담당자들이 원하는 시간에 맞춰 데이터 분석 결과를 제공해야 실제 업무 성과로 이어질 수 있다. 하지만 아직 국내에는 업무 시스템과 빅데이터 플랫폼을 실시간으로 연결한 사례가 없다. 결국 빅데이터 플랫폼을 도입해도 실제 업무에 연결하지 못하거나, 연결하더라도 극히 제한적인 업무에만 적용될 가능성이 높아 투자 대비 효과를 얻었다고 말하기 굉장히 어려울 것이다.

이처럼 '3Vs'라는 모호한 정의 때문에 기업들은 빅데이터 분석이 얼마나 어려운 일인지 인지하지 못했다. 기존 데이터 분석과 큰 차이도 느끼지 못했기 때문에 빅데이터에 대한 오해가 생겨나기 시작했다.

〈포브스〉 기고가인 메타 브라운Meta Brown은 극도로 큰 규모와 다양한 데이터를 신속히 처리하지 못하면 비즈니스 유지 자체가 위험한 기업만이 빅데이터를 필요로 한다고 주장했다. 구글이나 페이스북 같은 기업들이 이에 해당한다. 구글은 사용자들의 빠르고 정확한 검색을 위해 색인을, 지구 전체를 지도로 만드는 구글 어스Google Earth 서비스를 만들었다. 구글 어스를 기반으로 내비게이션 같은 서비스를 제공하고 자율주행자동차도 만들어내면서 빅데이터가 생겼다. 페이스북도 전 세계 사용자들이 엄청난 양의 사진과 메시지를 친구들과 실시간으로 공유하면서 빅데이터를 갖게 됐다. 이렇게 사업을 경영하면서 빅데이터가 자연스럽게 발생하는 기업들은 3Vs 관점에서 빅데이터를 처리함으로써 수익을 만들어낼 수 있

돈이 보이는 빅데이터

다. 하지만 대부분 기업들은 구글이나 페이스북처럼 데이터가 급속도로 증가할 수밖에 없는 새로운 비즈니스를 만들어내지 않는 한, 빅데이터의 속성 때문에 기업 경영이 위험해질 가능성은 낮으므로 빅데이터를 3Vs로 파악할 경우 얻을 것이 없다.

메타 브라운은 대부분 미국 기업들이 대학교 학부 수준의 통계 기법으로 내부 데이터를 분석해도 기존 비즈니스를 유지할 수 있기 때문에 제대로 된 분석의 혜택을 알지 못한다고 지적한다. 물론 빅데이터와 관련된 수많은 IT 기업들은 지금 당장 빅데이터라는 게임에 참여하지 않으면 경쟁에서 뒤처질 거라고 주장한다. 기업의 최고경영자들이 그 점을 걱정하긴 하지만 실제 업무에서는 경쟁 기업들의 상황도 그다지 다르지 않기 때문에 빅데이터로 스트레스를 받지 않는다고 한다.

현재 상황으로 볼 때는 맞는 이야기다. 하지만 IT 기업들을 제외한 나머지 기업들은 앞으로도 기존 방식대로 데이터를 활용해도 경쟁에서 살아남을 수 있을지 고민해야 한다. 테슬라, 구글, 아마존 같은 IT 기업들은 인공지능 기반의 자율주행기술을 적용한 자율주행자동차를 개발하며 기존 자동차 기업들이 장악하고 있는 시장으로 진입하기 시작했다. 여태까지는 잠잠했던 기존 자동차 기업들도 이제는 IT 기업들을 경쟁사로 여기고 자율주행자동차 기술 확보에 심혈을 기울이고 있다.

이처럼 자연스럽게 발생한 빅데이터를 처리할 수밖에 없어 관련 기술을 쌓아 올린 기업들이 이를 활용해 사업 영역을 확장하는 상황이다. 기업들은 동종 업계에 있는 경쟁사들이 아니라 빅데이터를 기반으로 인간을 대신할 다양한 인공지능 기술을 확보한 기업들과 경쟁해야 된다. 결국, 빅데이터로 스트레스를 받는 날이 올 수밖에 없다.

돈이 보이는 빅데이터

3

차원의 저주에 갇힌 빅데이터

이제 3Vs는 빅데이터가 지니는 속성이고, 데이터가 지속적으로 증가할 수밖에 없는 비즈니스를 운영하는 구글이나 페이스북 같은 기업들에게 국한된 이슈라는 사실도 이해했을 것이다. 하지만 온라인으로 전 세계 유통망을 장악하는 아마존의 경우, 발생하는 데이터가 많지만 지속적으로 급격하게 증가하지는 않는다. 그럼에도 불구하고 아마존은 빅데이터가 필요하다. 사용자가 웹이나 스마트폰이 아닌 음성만으로 상품을 주문할 수 있도록 새로운 채널을 개발하고 있기 때문이다. 아마존은 사용자가 인공지능 스피커 에코를 통해 상품을 주문하거나 은행 업무 등 여러 가지 업무를 처리하는 서비스를 상용화하기 위해 노력하고 있다. 이런 시도는 신규 사용자의 증가를 가져옴은 물론 엄청난 양의 새로운 음성 데이터도 발생시킨다. 하지만 많은 음성 데이터가 있고, 이 데이터를 빠르게 처리한다고 사업이 잘 되는 것은 아니다. 수집한 음성 데이터를 분석해서 사용자가 무슨 말을 하는 건지, 어떤 의도로 지시를 내리는 건지 등을 파악해야만 인간을 대신해서 상품을 주문하고, 은행 업무를 수행할 수 있다. 하지만 이런 거대한 데이터 분석은 예전부터 어려운 일이었다. VLDB 국제학술포럼이 만들어진 진짜 이유도 거대한 데이터의 분석 방법을 전 세계적으로 공유하기 위해서였다.

왜 거대한 데이터는 분석하기 어려운 것일까? 데이터 분석가들을 늘 괴롭혀왔던 차원의 저주Curse of Dimensionality 때문이다. 차원의 저주는 경험이 어느 정도 있는 분석가에게도 생소한 용어일 수 있기 때문에 설명이 필요하다.

차원의 저주를 이해하려면 분석 데이터 구조를 이해해야 한다. 기업 내 데이터를 저장하는 공간은 크게 데이터베이스와 데이터웨어하우스Data Warehouse, DW로 구분한다. 이름만 다르게 부를 뿐 실제 저장장치의 물리적인 부분은 동일하다. 이렇게 구분하는 이유는 데이터 저장 목적을 명확히 하기 위해서다. 데이터베이스는 기업 운영에 필요한 데이터가 저장되는 곳이고, 데이터웨어하우스는 데이터베이스에 있는 데이터 중 분석이 필요한 데이터만 따로 저장해 놓는 곳이다. 하지만 데이터웨어하우스에 있는 데이터들도 분석가들이 바로 사용할 수 있는 형태가 아니기 때문에 데이터 처리 도구

돈이 보이는 빅데이터

들을 활용한다. 보통 엑셀을 사용할 때 쓰는 테이블 형태로 정리하는데 이를 분석 데이터 세트Analytic Data Set라고 부른다.

　분석 데이터 세트의 가로축은 성별, 연령, 지역, 온도, 압력 등과 같이 분석변수라고 부르는 데이터의 항목들이 나열된다. 분석가들은 분석변수의 개수를 분석차원이라고 부른다. 차원이라고 부르는 이유는 분석변수의 개수가 늘어날 수 있기 때문이다. 분석변수가 2개면 2차원 그래프로, 3개면 3차원 그래프로 표현하듯, 분석변수가 100개라면 인간은 이해할 수 없지만 수학적으로 가능한 가상 공간에 100차원 그래프로 표현할 수 있다. 세로축은 실제 수집되거나 측정된 데이터 수를 의미한다. 분석가들은 분석 데이터 세트의 한 행을 케이스Case라고 부른다. 자율 학습Unsupervised Learning의 경우 분석 데이터 세트만 있으면 되지만, 지도 학습Supervised Learning의 경우 이 테이블과 더불어 오른쪽에는 분석 데이터 세트 각 행의 개별 케이스가 어느 집단에 속하는지를 알려주는 목표값Class 테이블이 더 오게 된다. 예를 들면 정상, 불량 유형 1, 불량 유형 2 이런 식으로 케이스에 목표값이 주어지게 된다.

　이제 분석에 필요한 데이터 구조를 나타낸 표를 어느 정도 이해했을 것이다. 이런 2차원적인 분석 데이터 세트가 많은 데이터를 가질 수 있는 경우는 다음 세 가지 경우 중 하나다.

　1. 분석차원의 수는 많지 않으나 수집된 케이스의 수가 아주 많은 경우

그림 1-1 분석 데이터 세트 구조 예시

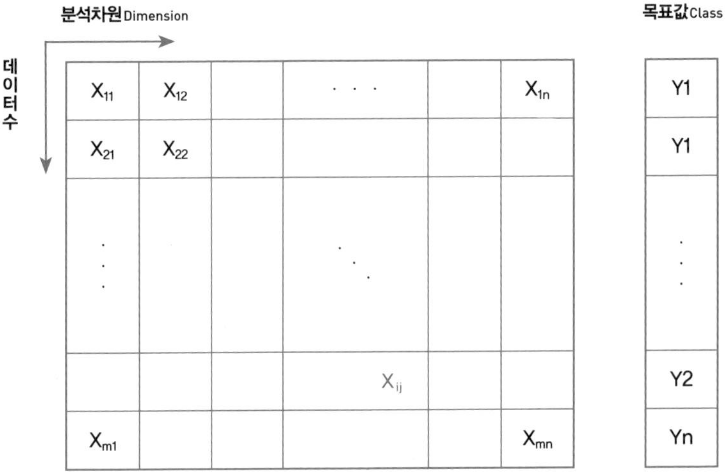

분석차원Dimension

목표값Class

데이터수

X_{11}	X_{12}	$\cdots$		X_{1n}
X_{21}	X_{22}			
		X_{ij}		
X_{m1}				X_{mn}

Y1
Y1
Y2
Yn

2. 분석차원의 수가 엄청나게 많은데 수집된 케이스의 수가 적은 경우

3. 분석차원의 수도 엄청나게 많고 수집된 케이스의 수도 많은 경우

첫 번째 경우는 차원의 저주가 발생하지 않지만 유의미한 분석변수가 부족할 경우 아무리 케이스가 많더라도 문제해결에 도움이 안된다. 차원의 저주가 발생하는 건 두 번째 경우다. 차원의 저주란, 분석변수의 수가 증가하면 그에 비례해서 케이스 수가 아주 급격히 증가하는 현상을 말한다. 데이터 양이 컴퓨터의 처리 용량을 넘어설 정도로 많아지면 분석 속도가 급격하게 느려져 분석 자체가 불가능해진다.

돈이 보이는 빅데이터

대체 분석변수가 몇 개일 때 분석 자체가 불가능할까? 요즘 많이 판매되는 디젤자동차의 엔진고장 사전 예측 알고리즘을 개발한다고 가정해보자. 디젤엔진의 기본 작동 원리는 폭발이다. 〈그림 1-2〉처럼 실린더 내의 피스톤이 아래로 내려가면서 흡기밸브가 열리고 실린더 내부로 공기가 흡입된다. 다시 피스톤이 올라가면서 흡기밸브가 닫히고 실린더 내의 공기가 압축되는데 이때 공기의 온도는 경유의 발화점인 210℃보다 높아야 한다. 압축된 뜨거운 공기에 연료주입노즐로 경유를 분사하면 즉시 폭발하게 되고 그 힘으로 피스톤을 아래로 힘껏 밀쳐내면서 동력이 생긴다. 다시 피스톤이 올라오면서 배기밸브가 열리고 연소가스가 배출되는 과정이 반복된다. 이 실린더의 개수가 자동차의 기통이다. 실린더가 4개면 4기통, 6개면 6기통이 된다.

디젤엔진의 경우, 흡입된 공기를 압축하려면 실린더의 밀봉이 중요하다. 흡기나 배기밸브 그리고 피스톤에 끼워져 있는 피스톤 링 등 장치의 부식으로 공기가 누출되면 압력이 떨어지고, 실린더 안에 공기 온도가 경유의 발화점까지 올라가지 못하기 때문이다. 그러면 엔진에서 심한 소음과 진동이 발생하면서 고장이 날 수밖에 없다. 압력 측정 센서를 장착하면 어느 실린더가 문제인지 정도는 찾아낼 수 있지만 더 정밀하게 진단하려면 정비사가 엔진을 분해할 수밖에 없다. 하지만 어느 실린더에서 어떤 고장이 발생할지 사전에 예측할 수 있는 인공지능 알고리즘이 장착된다면 운전자는 엔진

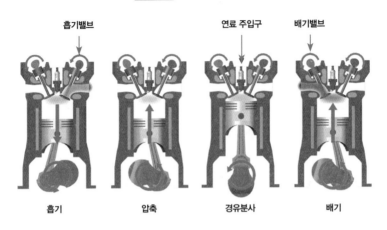

그림 1-2 디젤엔진 작동 원리

흡기밸브　　　　　　　연료 주입구　　　배기밸브

흡기　　　　　압축　　　　경유분사　　　　배기

을 분해하지 않아도 고장 여부를 알 수 있다. 자동차 정비와 관련된 모든 사항을 정교하게 진단해주는 인공지능 알고리즘이 자동치에 장착된다면 초보자도 쉽게 자동차 정비를 할 수 있는 시대가 올 것이다.

4기통 디젤엔진 고장 사전 예측 알고리즘을 만들기 위해 공기 누출이 발생할 수 있는 유형별로 흡기와 배기밸브에 설치된 압력 센서로부터 데이터를 수집했다고 하자. 그러면 분석 데이터 세트는 〈표 1-1〉처럼 총 8개 분석변수와 고장유형 M개 그리고 수집된 케이스 N개로 구성될 것이다.

실험실에서 디젤엔진의 흡기와 배기밸브에 압력 센서를 장착하고, 각 밸브의 최대 압력과 최소 압력 구간을 10개로 구분해서 측정

돈이 보이는 빅데이터

표 1-1 4기통 디젤엔진 실린더 고장 사전 예측을 위한 분석 데이터 세트 예시

분석변수 케이스	첫 번째 실린더		두 번째 실린더		세 번째 실린더		네 번째 실린더		목표값
	흡기	배기	흡기	배기	흡기	배기	흡기	배기	
1									정상
2									고장 1
...									
N									고장 M

하면, 가능한 경우의 수는 $10 \times 10 \times 10 \times 10 \times 10 \times 10 \times 10 \times 10 = 10^8$, 즉 천만 개가 된다. 알고리즘 학습을 위해 적어도 하나의 경우에 케이스 30개가 필요하다고 가정하면 단지 8개의 변수를 분석하는 데 필요한 총 케이스 수는 3억 개가 되는 것이다. 만약 10개 구간으로는 변별력이 부족해 100개 구간으로 구분해서 데이터를 측정하면 필요한 케이스의 수는 100^8, 즉 100조 개의 케이스가 필요하다. 이처럼 분석변수가 N개, M개 구간으로 나누어 수집하고, 하나의 경우에 케이스 30개가 필요하다고 가정하면 필요한 총 케이스의 수는 $N = 30 \times M^N$이 된다. 즉, 분석차원이 늘거나 분석변수 측정 구간의 수가 늘어나면 필요한 케이스의 수는 지수함수적으로 급증한다. 이처럼 차원의 저주는 분석변수가 작더라도 측정구간이 많아지면 발생할 수 있다.

차원의 저주에서 벗어나려면 세 번째 경우가 돼야 한다. 더 정확히 표현하자면 분석변수의 수에 지수함수적으로 비례하여 케이스

의 수도 많아야 한다는 것이다. 하지만 차원의 저주를 피하기 위해 케이스의 수를 늘리는 것은 매우 어려운 일이다. 데이터 수집을 목적으로 정교한 실험실을 만들어 데이터를 수집하지 않는 한, 실제 업무에서 발생한 데이터는 대부분 충분한 케이스를 제공하지 못한다. 케이스 수에 비해 너무 많은 분석변수를 사용할 경우 결국 차원의 저주에 빠져 실제 업무에 적용 시 예측력이 떨어질 수밖에 없다. 따라서 금융, 통신, 유통 기업처럼 빅데이터를 가지고 있을 것 같은 기업에도 차원의 저주는 예외 없이 존재할 수 있다. 이런 기업들 내부에는 고객들의 데모그래픽 정보(연령, 성별, 지역과 같은 통계학적 정보)와 고객들이 서비스를 이용할 때마다 쌓이는 엄청난 양의 거래 정보가 있다. 지금까지 기업들은 차원의 저주를 받지 않는 선에서 이런 데이터를 활용했다. 하지만 마케팅에 엄청난 비용을 지출하는 이런 기업들이 기업 내에 있는 많은 양의 마케팅 관련 데이터를 활용하여 마케팅 비용을 어떻게 최적화해야 하는지를 알려고 들 때 차원의 저주와 부딪히게 될 것이다. 정확한 분석을 위해 고객 정보, 가맹점 정보, 품목 정보 등 다양한 분석변수를 추가하면서 데이터 케이스 수가 기하급수적으로 늘어나기 때문이다.

마케터들에게 마케팅 효과를 100% 알 수 있냐고 물어보면 아무도 '그렇다'고 대답할 수 없을 것이다. 물론 카드사의 청구할인 같은 마케팅은 어느 고객이 마케팅 혜택을 받았는지 100% 알 수 있지만, 할인을 받은 고객이 마케팅 때문에 소비를 한 것인지, 마케팅

　　　　　　　　　　　　　　　돈이 보이는 빅데이터

이 없었어도 소비를 했을 것인지는 판단하기 어려운 문제다. 고객의 혜택 사용 여부만 알면 그만이지 마케팅 효과까지 알아야 되냐고 반문할 수 있지만 기업은 마케팅이 매출로 이어지길 바란다. 따라서 고객이 오프라인 매장을 방문했을 때, 매장 입구에 할인행사 안내 배너를 보고 제품을 구매한 건지 아니면 원래 그 제품을 구매하려고 했는데 마침 혜택을 받은 건지를 알아야 마케팅 효과를 제대로 평가하고, 마케팅이 매출로 이어지게 할 수 있다. 이런저런 이유로 대부분 기업들은 마케팅을 위해 사용한 비용이 특정 고객에게 쏠리고 있는지, 우수 고객들에게 혜택이 제대로 제공되고 있는지 100% 정확하게 산출하지 못하는 경우가 많다. 하지만 분명한 것은, 우수 고객들이 이탈하는 사유 중 하나는 혜택을 제대로 누리지 못하기 때문이라는 사실이다.

마케팅 비용 대비 효과 측정은 매우 복잡하다. 마케팅 효과 측정 분석가는 분석변수로 가장 기본적인 성별, 연령, 지역 등 고객의 데모그래픽 정보 그리고 업종, 마케팅 유형, 기간, 마케팅 금액, 마케팅 기간 중 방문 요일, 시간, 주말과 공휴일 여부 등 마케팅 정보 중 연관이 있다고 생각되는 모든 변수들을 찾아낼 것이다. 이런 개별 변수들을 평가하면 마케팅 효과가 매우 낮기 때문에 결국 찾은 모든 데이터를 분석변수로 사용할 것이다. 이럴 경우 차원의 저주에 걸리기 쉽다. 예를 들어 어떤 기업이 모든 고객에게 서비스를 제공하는 프로모션을 했다면, 정확히 어느 고객에게 어느 정도 금액의 서비스를 언제 제공했는지 등의 정보를 알아야 한다. 이 정보가 없다면 결국 케이스가 부족해진다.

제조나 설비 영역은 데이터 수집에 비용이 들더라도 실험실을 만들어 데이터를 수집할 수도 있다. 하지만 데이터 수집을 위해 마케팅 분야에서 많이 사용되는 A/B 테스트(디지털 마케팅에서 두 가지 이상의 방안 중 더 나은 안을 선정하기 위해 사용자를 두 집단으로 나누고 그 테스트 결과로 판단하는 방법)를 마케팅 비용 대비 효과 측정에 사용할 경우, 하나의 고객 집단에는 마케팅을 하고 다른 하나의 고객 집단에는 하지 않아야 마케팅 효과를 정확하게 측정할 수 있다. 하지만 마케팅을 하지 않은 고객 집단의 반응률이 현저히 낮을 것이기 때문에 매출이 줄어들 위험이 있다. 이런 위험에도 불구하고 A/B 테스트를 적극적으로 지원해줄 마케터를 협력자로 얻는 것은 상당히 어려운 일이기 때문에 차원의 저주가 발생하기 쉽다. 한번 차원의 저주에 걸리면 새로운 알고리즘으로 다시 분석을 한다 해도 이미 발생된 문제를 해결하기가 어렵다. 기업 내에 저장된 데이터로 해결하려 했으나 해결할 수 없던 숱한 숙원 과제들을 차원의 저주라는 새로운 시각에서 다시 검토해야 한다.

돈이 보이는 빅데이터

4

차원의 저주를 해결할 기술의 발전

차원의 저주를 해결할 수 있을 정도의 빅데이터를 수집했다고 하더라도 컴퓨터 처리 속도가 느리면 분석 자체가 불가능하다. 하지만 빅데이터를 처리할 수 있는 분산·병렬 처리 기술과 컴퓨터 하드웨어의 연산 속도가 급격히 발전함에 따라, 문제가 됐던 느린 분석 속도도 어느 정도 해결이 되고 있다.

그럼 기술의 발전으로 빅데이터 분석이 가능해진 이유를 속도의 두 가지 측면에서 살펴보자.

속도가 빨라지는 컴퓨터 하드웨어

일반적으로 컴퓨팅 속도에 영향을 미치는 하드웨어는 CPU라 불리는 중앙처리장치, RAM이라고 불리는 단기 메모리, 그리고 데이터를 영구히 저장할 수 있는 하드디스크이다.

2002년 2월 미국 샌프란시스코에서 열린 ISSCC International Solid Sate Circuits Conference(국제반도체회로 학술회의)에서 당시 삼성전자 기술 총괄 사장이었던 황창규 현 KT 대표가 발표한 황의 법칙, 마이크로 칩의 용량이 매년 2배가 될 거라고 예측한 무어의 법칙 등에서 볼 수 있듯이 짧은 시간 동안 컴퓨터의 CPU와 RAM의 속도는 급속히 빨라지면서 비용은 많이 떨어졌다.

반면 데이터 저장을 담당하는 하드디스크의 속도와 용량 증가는 훨씬 더딘 편이었다. 하지만 지금의 하드디스크의 형태가 1973년에 개발되었다는 사실을 생각하면 더딘 발전 속도를 어느 정도 이해할 수 있을 것이다. IBM이 최초로 개발한 3340모델 하드디스크는 당시 용량이 30MB(메가바이트)였다. 처리 속도도 매우 느린 편이었다. 이 하드디스크는 기업의 거대한 컴퓨터에만 적용되다가 1981년에 IBM이 최초로 개인용 컴퓨터를 발표하면서 일반 사용자들에게도 알려졌다. 하드디스크가 발명된 지 10년이 지나고 나서였다. 하드디스크가 급속도로 발전한 것은 IBM의 하드디스크 책임자였던 앨런 슈거트 Alan Shugart가 시게이트 Seagate를 창업하면서부터다. 1TB

의 하드디스크가 처음으로 개발된 것은 2007년도였다. 1970년대에 1TB는 매우 거대한 데이터 용량일 수밖에 없었다.

아무리 CPU와 RAM이 빨라지더라도 이들에게 데이터를 공급하는 하드디스크의 속도가 느리면 컴퓨팅의 전반적인 속도는 저하될 수밖에 없다. 기존의 하드디스크는 자기를 입힌 원형의 얇은 금속판인 자기디스크를 고속으로 회전시켜 해당 위치에 데이터를 저장했다. 저장된 데이터를 찾으려면 자기디스크를 다시 고속으로 회전시켜 해당 데이터가 있는 위치로 이동해야 했다. 물리적인 디스크의 회전이 기본 동작 원리이기 때문에 속도 향상에는 분명한 한계가 있었다.

하지만 메모리를 하드디스크로 사용하는 새로운 방식의 저렴한 하드디스크가 만들어지기 시작했다. 빅데이터를 빠른 속도로 처리하기 위해 사용하던 메모리를 활용한 데이터 분산·병렬 기술이, 새로운 하드디스크를 활용한 분산·병렬 기술로 발전하고 있다. 메모리보다는 하드디스크의 용량이 크기 때문에 향후 빅데이터 처리 속도는 점점 빨라질 것으로 예상된다.

물론 물리적인 한계는 있겠지만, 속도 개선 덕에 차원의 저주를 해결하기 위해 수집한 빅데이터를 빠른 속도로 처리할 수 있게 됐다. 현재 구글, 페이스북, 아마존 등 글로벌 선두 기업들이 빅데이터로 새로운 비즈니스를 만들 수 있는 이유도 여기에 있다.

빅데이터를 빠르게 분석하는 소프트웨어의 등장

빅데이터 분석을 위한 하드웨어의 비용은 저렴해지고 속도는 빨라지고 있다고 언급했지만, 데이터 분산·병렬 처리 기술과 초고속 네트워크 관련 기술이 발전하지 않았다면 빅데이터 분석은 불가능했을 것이다. 데이터를 분산·병렬 처리할 수 있는 기술은 빅데이터가 등장하기 이전부터 존재했지만 성능이 좋은 고가의 하드웨어를 사용해야 했다. 구글이 여러 대의 저렴한 컴퓨터를 마치 하나인 것처럼 묶어 대용량 데이터를 처리할 수 있는 기술을 개발해 사용하고 있다고 발표하면서 데이터 분산·병렬 처리에 대한 새로운 역사가 시작되었다. 곧 구글과 유사한 분산·병렬 처리 기술인 하둡이 오픈소스 소프트웨어로 개발되었다. 하둡은 대용량 데이터를 저가형 컴퓨터 수천 대에 분산하여 저장하고 분석에 필요한 데이터를 다시 여러 개의 블록으로 나누어 분산시킨 뒤, 각각의 CPU와 RAM을 이용해 데이터를 병렬로 분석한다. 이 결과들을 차례대로 묶어 하나의 결과로 만드는 데이터 처리 기술이 하둡이다. 하둡 덕에 데이터 유형에 따라 슈퍼컴퓨터보다 빠른 분석이 가능해졌다.

저가의 분산·병렬 처리 기술인 하둡을 가능하게 한 것은 네트워크 속도의 향상이다. 분산된 컴퓨터 수천 대를 한 네트워크로 묶으려면 분산된 데이터의 처리를 빠르게 제어해야 된다. 즉, 컴퓨터 수천 대와 제어 소프트웨어가 실시간으로 통신하려면 고속 네트워크

돈이 보이는 빅데이터

는 필수적이다. 현재 네트워크 속도는 1Gbps(기가비피에스)가 보편적이다. 1Gbps는 1GB의 데이터를 1초 안에 전송할 수 있는 속도다. 인터넷 음원 사이트에서 듣는 음원 하나의 크기가 대략 4MB 수준임을 감안하면 약 250곡의 음원을 1초 만에 전달할 수 있다. 네트워크 장비 비용이 저렴해지면서 현재 네트워크 속도를 10Gbps로 증가시키고 있는 추세다. 네트워크 속도가 계속 빨라진다면 향후 분산·병렬 처리 속도 역시 빨라질 것이다. 더불어 구글이나 페이스북 등이 학습 속도가 빠른 딥러닝 기반의 새로운 인공지능과 머신러닝 알고리즘을 오픈소스 소프트웨어로 공개했고, 앞으로도 매년 새로운 알고리즘을 추가적으로 공개할 예정이기 때문에 현 수준의 컴퓨터 하드웨어와 소프트웨어가 처리할 수 있는 빅데이터의 크기도 조만간 급격히 늘어날 것으로 예상된다.

과거에는 컴퓨터 하드웨어와 소프트웨어 기술의 한계로 차원의 저주 때문에 커질 수밖에 없는 복잡한 빅데이터는 분석조차 시도하지 않았다. 구글의 알파고가 아무리 성능이 좋아도 주어진 시간 내에 다음 수를 생각하지 못할 정도로 느리다면 과연 인간 프로 바둑 기사와 대국이 가능했을까? 이제 빅데이터를 저장하고 처리하는 하드웨어와 소프트웨어 기술의 발전 덕분에 시도조차 하지 않았던 분석을 시도할 수 있게 됐다. 이런 시도로 구글은 전 세계를 지도 데이터로 표현해 새로운 위치 기반 서비스와 자율주행자동차도 만들었다. 차원의 저주에 묶여 있던 빅데이터가 새로운 기술로 인해 자유를 얻은 것이다. 빅데이터와 머신러닝 혹은 인공지능을 결합하면 구글처럼 새로운 비즈니스를 만들어낼 수 있다는 것이 빅데이터의 진정한 의미라고 생각한다. 앞으로 빅데이터의 의미를 제대로 이해한 기업들이 전 세계적으로 등장하기 시작하면 과거에는 상상도 못했던 비즈니스들이 점차 현실이 되는 시대를 맞을 것이다.

곧 닥쳐올 미래를 대비하기 위해 기존에 빅데이터를 바라보던 시각을 버리고 처음부터 다시 빅데이터를 제대로 알아야 한다. 차원의 저주 때문에 시도하지 못했던 비즈니스를 다시 꺼내야 한다. 이런 비즈니스를 빅데이터와 인공지능 그리고 머신러닝 알고리즘을 활용하여 어떻게 새롭게 만들 것인가 고민하다 보면 기존 경쟁구도를 흔들 만한 비즈니스를 만들 수 있을 것이다.

돈이 보이는 빅데이터

PART

2

분석을 통해
가치가 발생하는
빅데이터

1

고도의 기술이 필요한 빅데이터

오일쇼크는 1973년과 1978년 세계경제를 공포로 몰아넣었다. 제1차 오일쇼크는 중동의 석유 수출 6개국이 제4차 중동전쟁으로 원유 생산을 줄이고 가격을 인상하면서 발생했다. 오일쇼크로 1975년 세계는 마이너스 성장을 했고 원유 고갈에 대한 전 세계의 고민은 깊어졌다.

2017년 12월에도 OPEC(석유수출국기구)이 또다시 감산 연장에 합의했지만 세계 원유 가격은 1% 정도도 오르지 않았다. 셰일오일이 등장했기 때문이다. 셰일오일은 기존 암반층에 고여 있는 원유와 달리 모래와 진흙이 퇴적하면서 굳어진 퇴적 암반층에 함유된 원유를 통칭한다. 물론 셰일오일은 고대 페르시아 문헌에 언급될 정도로 오래전부터 존재했지만, 그동안 외면받은 이유는 불순물이 많이

돈이 보이는 빅데이터

섞여 있어 추출이 어렵고 정제 과정 역시 복잡해서 경제성이 없었기 때문이다. 하지만 셰일오일에 대한 관심은 전 세계가 지속적으로 갖고 있었다. 1964년 영국의 기술자들이 셰일오일 추출에 성공했고 1973년 제1차 오일쇼크 때도 반짝 관심을 갖게 되면서 전보다 저렴한 셰일오일 추출 공법들이 잇달아 개발되었다. 하지만 오일쇼크가 진정되자 셰일오일은 원유와의 가격 경쟁에서 밀리게 됐고, 관심은 사그라들었다.

이런 상황에서 셰일오일이 국제 유가 하락을 주도할 수 있었던 이유는 2009년 미국이 셰일오일의 본격 생산을 위해 새로운 추출 기술 개발에 엄청난 자금을 투자하면서부터다. 하지만 2016년 국제 유가가 20달러 밑으로 떨어지면서 생산비가 높은 셰일오일 업체들이 가동을 멈추는 사태가 발생했고 셰일오일은 다시 위기에 직면했다. 하지만 2017년 말 원유 감산이 결정되자 미국의 셰일오일 업체들이 다시 가동을 시작했고 유가는 천천히 오르는 형태가 되었다.

빅데이터가 처음 국내에 소개될 때 흔히들 빅데이터를 '21세기의 원유'라고 불렀다. 해외 빅데이터 전문가들이 전망한 것처럼 빅데이터가 21세기의 새로운 성장 동력이 될 것은 분명하다. 앞에서도 언급했지만 빅데이터와 인공지능 등 디지털 기술이 결합한 새로운 비즈니스를 만들어내면 기존 경쟁구도를 새롭게 재편할 수 있기 때문이다. 하지만 많은 사람들이 '원유'라는 비유만 듣고 빅데이터를 중동 유전에 모여 있는 원유처럼 찾기만 하면 손쉽게 퍼 올릴 수 있다고 이해하는 것 같다. 빅데이터가 유전에서 원유를 시추하듯 되는 일이라면 빅데이터 유전을 찾는 일만 남는다. 그렇다면 머신러닝 알고리즘의 개발이 시작되던 1960년대부터 누군가는 빅데이터라는 유전을 찾아서 그 가치를 인정받지 않았을까? 빅데이터가 세상에 알려진 후 몇 년이 지난 지금은 빅데이터 유전을 찾은 기업들이 많이 등장해 실제 업무에 빅데이터를 적용한 성공 사례가 넘쳐나야 되지 않을까?

빅데이터는 유전에서 퍼 올리는 원유가 아니라, 추출과 정제에 많은 비용이 드는 셰일오일과 비슷하다. 셰일오일을 추출하는 것처럼 빅데이터도 수집하는 데 많은 비용이 든다. 셰일오일을 정제해서 원유를 만들어내듯 빅데이터도 머신러닝이나 인공지능 등의 기법과 결합되어야 의미가 있지만 역시 많은 비용이 든다. 그러나 셰일오일의 새로운 추출 공법이 급속히 발전하면서 신규 에너지원으로 자리 잡은 것처럼 빅데이터도 속도가 개선된 딥러닝 기법, 고속의 컴퓨터 하드웨어와 네크워크의 등장, 빅데이터를 분산·병렬 처리할 수 있는 기술이 개발되면서 서서히 자리를 잡아가고 있다.

셰일오일의 추출과 정제 기법은 오랜 세월에 걸쳐 개선되었다. 지금까지 빅데이터가 실제 업무에 적용되지 못한 이유는 차원의 저주를 풀 수 있을 만한 빅데이터 수집·분석 기법이 충분히 개선되지 못했기 때문이다. 셰일오일인 빅데이터를 추출하고 정제할 수 있는 기술이 없다면, 빅데이터는 그야말로 그림의 떡이 되고 만다.

돈이 보이는 빅데이터

2

차원 축소 기법을 통한 데이터 시각화

기술의 발전으로 빅데이터를 묶고 있던 차원의 저주가 풀리고 있긴 하지만 아직 완전하게 풀린 건 아니다. 현 수준의 하드웨어나 소프트웨어 속도로는 차원의 저주로 발생된 엄청난 양의 데이터를 처리하지 못할 가능성이 높기 때문에 차원의 저주로 인해 늘어나는 케이스의 수를 가급적 줄여야 한다. 케이스의 수를 줄이려면 분석변수나 각 분석변수의 해상도를 결정하는 구간의 수를 줄여야 한다. 대부분의 기업은 분석변수나 구간의 수를 정하기 위해 회귀분석처럼 분석에 시간이 적게 걸리고 분석된 결과의 의미를 알려주는 알고리즘에 의존하는 경향이 높다. 하지만 모든 문제를 해결할 수 있는 한 가지 알고리즘은 아직까지 존재하지 않기 때문에 회귀분석은

그림 2-1 데이터 시각화 차원 축소 기법 예시

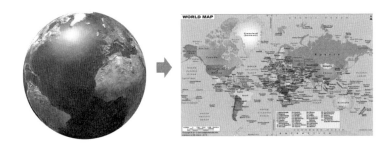

적합한 경우에만 사용해야 제대로 된 결과를 얻을 수 있다. 딥러닝의 학습 속도가 빨라졌다고 해도 데이터 양이 많아지면 속도가 느려질 수밖에 없다. 그렇다면 머신러닝이나 인공지능 알고리즘을 사용하지 않고 분석변수나 구간의 수를 결정할 수 있게 고차원의 빅데이터를 인간이 이해할 수 있는 2~3차원으로 시각화하는 방법이 필요하다. 차원의 저주를 해결할 수 있게 도와주는 데이터의 시각화, 바로 '차원 축소 기법'이 그것이다.

인간은 데이터가 3차원이나 2차원으로 표현될 때 효과적으로 인식할 수 있다. 기업 내 빅데이터가 〈그림 2-1〉 좌측에 있는 3차원 지구본 혹은 우측에 있는 2차원의 세계지도처럼 분석가 눈앞에 펼쳐져 있다고 상상해보자. 해당 업무를 수행해보지 않은 분석가도 어떤 데이터들을 분석변수로 할 것인지, 구간은 몇 개로 나누는 것이 좋은지 등에 대한 아이디어를 금방 얻을 수 있을 것이다. 물론 데이터 시각화는 기존에 알려진 것처럼 분석 결과를 그래프로 그리

돈이 보이는 빅데이터

거나 지도 위에 분석 결과를 겹쳐 보이게 하는 등의 결과 데이터 시각화도 의미하지만, 빅데이터 분석 과정에서 말하는 데이터 시각화는 업무에 전문적인 지식이 없는 분석가라도 고차원의 빅데이터를 2~3차원으로 펼쳐서 머신러닝 알고리즘 학습에 중요한 분석변수들을 찾을 수 있게 해주는 분석 데이터 시각화를 의미한다.

머신러닝 등 데이터 분석을 전문으로 하는 연구자들 사이에서는 데이터 시각화를 통해 선정된 중요한 변수를 특징변수Feature라고 부른다. 특징변수는 하나의 인물, 단어, 사실, 혹은 사물 등을 다른 것과 구별할 수 있는 공통적인 방법이다. 쉽게 설명하면 사람의 지문 같은 것이다. 지문을 들여다보면 지문의 선을 구성하는 융선이 있다. 이 융선은 연속적으로 이어져 있는 것이 아니라 시작점, 끝점, 분기점이 있고 선이 세 방향으로 나뉘는 삼각주가 있다. 이것들의 위치가 사람마다 다르기 때문에 지문은 특정인을 인지하는 특징이 될 수 있다. 지문을 여러 블록으로 구분하여 삼각주나 융선의 시작점 등의 위치를 찾아내면 보다 빨리 지문을 인식할 수 있는 것처럼 특징변수를 분석에 사용하면 분석 속도와 정확성을 높일 수 있다.

특징변수를 선정하는 방식에 따라 특징변수 선택과 추출, 두 가지 기법이 있다. 특징변수 선택Feature Selection은 기존 분석변수 중에서 학습에 중요한 정보를 포함하고 있는 분석변수를 찾아내는 것이다. 반면에 특징변수 추출Feature Extraction은 기존 분석변수들을 결합하여 완전히 새로운 변수를 만드는 것이다. 두 가지 기법 모두 분석변수들을 평가하여 우수한 분석변수를 찾아낼 수 있는 평가 기준과 분석변수의 모든 조합을 조사할 수 있지만, 속도가 매우 느린 '완전 탐색Exhaustive Search'을 대신할 수 있는 효율적인 최적화 알고리즘을 필요로 한다.

먼저, 특징변수 선택기법은 두 가지로 분류된다. 특징변수 평가 기준에 머신러닝 알고리즘을 사용하지 않으면 개루프Open-loop 기법, 사용하면 폐루프Closed-loop 기법으로 구분한다. 여기서 루프란, 일련의 연산 과정을 의미한다. 폐루프는 제대로 된 결과가 나올 때까지 연산을 반복한다는 의미고, 개루프는 연산을 처음부터 끝까지 한 번만 수행하면 끝난다는 의미다. 당연히 폐루프 기법이 분석에 유의미한 특징변수를 찾아낼 가능성이 높지만 속도가 느리다. 개루프 기법은 반대다. 결국 두 기법은 서로 상충관계에 있게 된다. 분산·병렬 처리를 통해 폐루프 기법의 속도를 개선할 수는 있지만 분산·병렬 처리에 맞게 수정된 알고리즘은 오픈소스 소프트웨어에 공개되어 있지 않아 자체적으로 개발해야 하는 부담이 있다.

개루프에도 많은 기법이 존재한다. 기법 간 차이점이 있어 분석 변수를 평가하는 기법에 따라 결과에 많은 차이가 발생할 수 있기 때문에 한 가지보다는 여러 개의 기법을 함께 사용하는 게 좋다. 또 특징변수 선택기법으로 특징변수를 선정하기 전에 데이터 시각화를 사용하여 변별력이 높은 변수들이 선택되었는지 반드시 확인해야 한다.

돈이 보이는 빅데이터

특징변수 추출기법도 상당히 많은 연구가 이뤄져 다양한 알고리즘이 존재한다. 심지어 인공신경망을 특징변수 추출 알고리즘으로 변형해서 사용할 수 있다. 여러 가지 알고리즘 중에서 많이 사용되는 주성분분석PCA, 선형판별분석LDA, 서포트 벡터 머신SVM, 세 가지만 간략히 소개하겠다.

주성분분석은 분석변수들을 선형적으로 결합하여 데이터를 가장 잘 표현할 수 있는 축을 찾아내고, 그 축을 중심으로 데이터를 차원 축소해서 표현해주는 기법이다. 서로 목표값이 다른 군집으로 분류해야 하는 경우에도 전체 데이터를 하나로 보고 차원을 축소하기 때문에 데이터를 분류하거나 패턴을 찾으려면 주성분분석을 활용하면 안 된다.

선형판별분석은 주성분분석의 단점을 개선하여 분석 데이터가 서로 다른 군집으로 구성되어 있을 때 군집을 최대한 잘 구분할 수 있는 축을 찾는다. 그 축을 중심으로 데이터를 2차원이나 3차원으로 축소해서 서로 다른 군집을 얼마나 분류할 수 있는지 사람이 알아볼 수 있게 표현해준다. 하지만 분류될 군집의 수가 적은데 분석 데이터 세트의 가로축인 분석차원이 너무 많거나 세로축인 수집한 케이스 데이터의 양이 많을 경우 오류가 발생할 위험이 높으므로 주의해야 한다.

딥러닝 알고리즘이 소개되기 전까지는 서포트 벡터 머신이 분류 알고리즘으로 많이 활용되었다. 기업 내 분석가들도 데이터 차원 축소 기법과 이를 시각화할 수 있는 알고리즘이 내장되어 분석 결과를 인간이 이해할 수 있는 형태로 제공해줄 수 있는 서포트 벡터 머신에 많은 관심을 가졌다. 서포트 벡터 머신은 가로축의 분석차원이 30개라도 내부에 있는 차원 축소 기법을 활용하여 2차원이나 3차원으로 축소시킨 후 분석 결과를 그래프로 제공한다. 분석가는 결과 그래프를 보고 분류가 잘 되었는지의 여부를 직관적으로 파악할 수 있다. 이런 장점 때문에 서포트 벡터 머신은 특징변수 추출 알고리즘으로도 많이 활용된다. 서포트 벡터 머신에 내장된 차원 축소 기법은 앞에서 설명한 두 가지 기법 대비 변수 간 비선형 관계가 있는 경우에도 사용할 수 있다는 장점이 있다.

고차원의 분석변수 간에 선형 관계가 있는지, 비선형 관계가 있는지는 데이터 시각화로도 찾아내기 어렵다. 데이터 시각화에 익숙지 않은 경우 주성분분석이나 선형판별분석 중 하나와 서포트 벡터 머신의 결과를 비교하면서, 두 결과를 데이터 시각화와 비교하며 경험을 축적한다면 분석변수 간의 관계를 찾아낼 수 있는 실력을 기를 수 있다.

특징변수 추출 알고리즘을 사용하기 전에 반드시 체크해야 할 사항이 있다. 각 분석변수들의 독립성이다. 예를 들면 제조업에서 사용하는 무게, 길이 같은 분석변수는 대부분 독립적인 분석변수들이다. 하지만 마케팅에서는 기존에 축적된 분석변수 간에 독립성 여부를 판단하는 것이 쉽지 않다. 두 변수의 상관성이 높다고 단순히

돈이 보이는 빅데이터

두 변수가 독립적이지 않다고 판단할 수 없기 때문이다. 몸무게와 키는 서로 독립적인 변수지만 키가 큰 사람은 몸무게도 많이 나갈 수 있기 때문에 두 변수의 상관성은 매우 높게 나온다. 분석변수 간의 독립성을 정확하게 판단하는 알고리즘은 아직 오픈소스로 공개되지 않았기 때문에 자체 개발할 필요가 있다.

데이터 시각화, 곧 차원 축소 기법을 특징변수 추출기법과 선택기법에서 어떻게 활용할 수 있는지 아이리스 꽃 분류를 예로 들어 설명해보겠다. 아이리스 플라워 데이터Iris flower data 혹은 피셔의 아이리스 데이터Fisher's Iris data라고 불리는 붓꽃 데이터는 1936년 로널드 피셔Ronald Fisher가 데이터를 활용한 식물 분류 가능성을 연구하기 위해 수집한 데이터다. 로널드 피셔는 데이터 품질로 인한 오차를 줄이기 위해 캐나다 동남부의 가스페 반도에 있는 동일한 목초지에서 붓꽃의 세 가지 종인 세토사Setosa, 버지니카Virginica, 버시컬러Versicolor를 하루 동안 50개씩 수집했다. 이렇게 수집한 총 150개의 붓꽃을 동일한 사람이 동일한 측정 기구로 꽃잎과 꽃받침의 길이와 너비를 측정했다.

특징변수 선택기법은, 꽃잎과 꽃받침 각각의 너비와 길이, 이렇게 4개의 분석변수가 있으므로 분석변수의 가능한 모든 조합인 16개 조합에 대해 세 종류 꽃이 어떻게 분포되는지를 〈그림 2-2〉처럼 시각화한다. 이 중 동일 분석변수끼리 비교한 대각선의 4개 그래프를 제외하고 총 12개의 그래프를 분석하게 된다.

그림 2-2 붓꽃 데이터 산포도

붓꽃 데이터 (파랑: 세토사, 회색: 버시컬러, 검정: 버지니카)

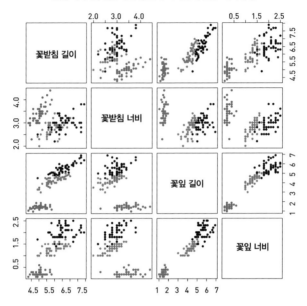

12개의 분포도를 보면 세토사를 제외한 나머지 2개 종 데이터가 중첩된다는 것을 알 수 있다. 실제 업무에서 발생하는 대부분의 데이터를 비즈니스적 의미가 있는 방식으로 시각화하면 이처럼 데이터가 중첩되어 보이는 경우가 종종 발생한다. 분석가들은 버시컬러와 버지니카를 정확하게 분류할 수 없다는 결론을 내릴 것이다. 붓꽃 분류 문제는 다행히 분석차원이 4개라 시각화로 어느 정도 분석해낼 수 있지만 분석변수의 수가 100개라면 100×100=10,000이 되므로 총 1만 개의 그래프에서 동일 분석변수끼리 비교한 대각선

돈이 보이는 빅데이터

100개를 뺀 9,900개의 그래프가 생긴다. 천재적인 공간 지각 능력을 가진 사람이라도 한계에 봉착할 것이다.

특징변수 선택기법은 위 4개의 분석변수 중 가장 변별력이 뛰어난 분석변수를 선택하는 것이다. 만약 〈그림 2-3〉 우측처럼 3차원 그래프로 시각화하고자 한다면 4개의 변수 중에서 변별력이 높은 3개의 변수를 선택하면 된다. 특징변수 추출기법으로 군집분석 알고리즘인 K 군집K-means Clustering 알고리즘을 활용해서 데이터를 4차원에서 3차원으로 축소한 후 분포도를 그리면 〈그림 2-3〉 좌측과 같은 그래프가 된다.

좌측의 특징변수 추출기법과 우측의 특징변수 선택기법을 비교해 보면 우측 그래프에서는 여전히 버시컬러와 버지니카의 데이터가 많이 중첩되어 있지만 좌측 그래프에서는 세 종류의 데이터가 상당 부분 정확하게 분류된 것을 볼 수 있다.

〈그림 2-3〉에서처럼 특징변수 추출기법이 특징변수 선택기법보다 정확한 분석 결과를 제공한다. 그렇기 때문에 속도가 빠른 고성능의 컴퓨팅 자원을 요구하는 단점에도 불구하고 특징변수 추출기법이 많이 활용될 것 같지만, 현실은 그렇지 않다. 특징변수 추출기법은 세 종류의 꽃을 제대로 분류하긴 했지만 각 분석변수가 결합되며 그 의미가 흐려지기 때문에 물리적으로 뭘 의미하는지 모르게 되기 때문이다.

다행히도 특징변수 추출기법의 이런 단점을 극복하기 위한 많은

그림 2-3 특징변수 추출과 선택기법 비교

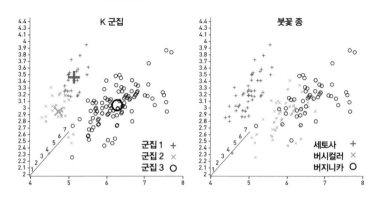

시도가 이뤄지며 실제 업무에서 의미를 가지면서도 선명한 특징변수를 추출하는 알고리즘들이 다양하게 개발되고 있다. 앞에서 예로 든 디젤엔진의 흡기와 배기밸브의 압력을 각각 입구 압력 핀Pin과 출구 압력 파우트Pout라고 하면, 2개의 분석변수를 $Z = \frac{\text{Pout-Pin}}{\text{Pin}}$ 과 같이 결합하여 Z라는 기존 2개의 변수와는 비선형 관계를 갖는 새로운 특징변수를 만들 수 있고, 그 의미는 압력 증가율이 된다. 비즈니스의 의미를 잃지 않는 특징변수 추출과 관련된 많은 연구들이 이미 이뤄진 만큼 조금 관심을 가지고 찾아보길 바란다.

실제로 비즈니스 의미를 갖는 특징변수를 찾은 사례를 보면 어렵지 않다는 것을 알 수 있다. 대부분의 카드사는 현금서비스나 카드론과 같은 신용대출상품을 판매하는데 각 고객별로 이자, 대출한도 등을 차별화하여 제공한다. 고객별 차등 적용이 가능한 이유는 일정 기간 카드를 사용한 이력이 있는 고객에게만 신용대출상품을 제공하기 때문이다. 신용카드 사용 이력 분석을 통해 발굴한 고객들의 소비성향 등 추가적인 정보와 신용정보사에서 제공하는 신용등급을 결합하면 신용대출에 따른 리스크를 고객별로 보다 정교하게 산정할 수 있다. 따라서 금융회사의 신용대출 서비스를 이용하려면 적어도 2~3개월 정도는 카드사의 상품을 이용해야 한다. 물론 이용을 하지 않아도 신용대출상품을 제공하는 카드사도 있지만, 이런 경우 신용정보사에서 제공하는 신용등급에 따른 최고 이자와 최소 한도를 적용받을 가능성이 높다.

대출상품은 카드사 외에 은행, 보험사, 증권사, 저축은행 등도 취급이 가능하다. 이런 곳은 대출상품을 이용하는 고객이 매우 한정적이기 때문에 낮은 신용등급이 부여된 고객들 중 우량고객을 확보하고 싶어 한다. 그래서 많은 금융기업들이 중간 정도의 신용등급을 가진 고객들을 대상으로 하는 중금리대출 시장에 진입해 치열하게 경쟁하고 있다. 카드사들도 동일한 신용등급을 가진 수많은 고객들 중에서 우량고객을 선별할 수 있다면 자사 상품을 이용한 적이 없는 고객에게도 대출상품 판매가 가능하다.

하지만 카드 이용 실적이 없는 고객의 신용 리스크를 분석할 수 있는 데이터는 기업 내에 없기 때문에 기업 외부에서 찾아야 한다. 모든 고객을 평가할 수 있는 데이터를 찾기는 어렵지만 개인 사업을 하는 고객의 경우 이미 글로벌에서 화제가 되어 국내에도 유명한 핀테크 기업이 생겨날 정도로 언론을 통해 많이 소개되었던 P2P

대출 서비스의 신용 리스크 평가와 아주 유사하기 때문에 신용 리스크 산출에 필요한 분석변수를 찾을 수 있다.

P2P대출은 금융기관을 거치지 않고 온라인 플랫폼에서 개인 간에 필요한 자금을 지원하고 대출하는 서비스다. 미국 최대 P2P대출 기업인 렌딩클럽Lending Club은 2014년 뉴욕증시 상장 당시 약 10조 5700억 원의 시가총액을 달성한 적도 있다. 미국 내 P2P대출 기업들의 부도율 증가로 평균 수익률이 낮아지면서 지금은 투자자들의 관심도 줄었지만, P2P대출 기업들은 한 번도 거래를 하지 않았던 개인 사업자들의 신용 리스크를 간접적으로 평가할 수 있는 여러 지표를 만들어 실제 업무에서 사용하고 있다.

글로벌 P2P대출 업체들이 자신들의 신용평가 역량을 과시하기 위해 언론에 홍보했던 내용 중 기억에 남는 지표는 상권밀집도다. 상권밀집도 평가는 신용평가를 해야 되는 개인 사업장 주변 특정 거리 안에 개인 사업장들이 얼마나 있는지를 보는 것이다. 물론 특정 거리가 몇 미터인지 몇 킬로미터인지 정확한 설명도 없고 개인 사업장이 동일 업종인지 혹은 유사 업종인지 아니면 전체 업종인지 알 수 없다. 결국 실제 업무에 적용할 때는 사업장 주변 거리와 업종의 유사성에 대한 다양한 조합을 만들어 실제 적용해볼 수밖에 없다. 카드 사용 이력이 존재하고 기존 신용대출상품을 이용한 개인 사업자를 대상으로 테스트해본 결과 상당히 영향력 있는 조합을 찾을 수 있었다. 상권밀집도를 평가하기 위해서는 외부에서 판매하는 사업장 간에 거리를 측정할 수 있는 주소 좌표 데이터가 필요하다. 구매한 주소 좌표 데이터를 기업 내에 있던 개인 사업자의 매장 주소에 결합하면 상권밀집도 산출이 가능하다.

실제 사례에서처럼 비즈니스에서 의미가 있는 특징변수를 창의적으로 만들어내기 어렵다면 외부 사례를 찾아보는 것도 하나의 방법이다. 그러다 보면 특징변수를 만들어내기 위해 필요한 외부 데이터가 무엇인지 알 수 있다. 글로벌 P2P 기업들이 얼마나 창의력을 가지고 지표들을 발굴했는지, 그 지표들이 얼마나 많은 시행착오를 겪어 얻어낸 결과인지도 알 수 있다. 데이터 시각화, 즉 차원축소 기법을 활용하여 기업 내부에 있는 데이터 중 중요한 특징변수들을 선정하거나 추출하는 것도 중요하지만, 확보 가능한 외부 데이터가 있는지 찾아보는 것도 중요하다. 외부 데이터를 찾으려면 글로벌 기업들, 특히 스타트업 기업들이 어떤 변수들을 찾아내어 활용하는지 동향을 살펴보는 것이 중요하다. 그런 변수들은 의외로 비즈니스 의미를 갖고 있는 경우가 많기 때문에 변수들을 자체적으로 개발하는 것보다 벤치마킹을 통해 카피를 해보는 것도 좋은 전략이 될 수 있다.

3

빅데이터 정제 기술 머신러닝 알고리즘

머신러닝 알고리즘 중 군집분석, 회귀분석, 링크분석, 퍼지로직Fuzzy Logic 알고리즘은 업무 전문가의 지식 의존도가 높은 알고리즘이다. 이런 알고리즘을 활용하려면 기업 내에 실제 업무와 빅데이터 양쪽 모두에 전문성을 가진 인력이 필요하다. 하지만 인공신경망, 유전알고리즘, 러프집합Rough Set은 분석에 있어 업무 관련 전문 지식 의존도가 적은 알고리즘들이다. 인공지능 분야에서 딥러닝을 많이 활용하는 주된 이유이기도 하다.

한 사람이 수많은 알고리즘을 다 개발할 수 있을 정도로 모든 머신러닝 알고리즘에 전문 지식을 갖는 것은 불가능하다. 또 이런 머신러닝 알고리즘들은 오픈소스 소프트웨어로 공개될 가능성도 높

돈이 보이는 빅데이터

다. 따라서 직접 개발할 수 있을 정도로 알고리즘에 대한 전문 지식을 쌓기보다 머신러닝 알고리즘의 장단점을 확실히 알아야 한다.

군집분석

군집분석Cluster Analysis은 고차원 데이터에서 패턴을 찾는 데 많이 활용된다. 자율 학습에서 빅데이터를 몇 개의 군집으로 분류하여 각 군집에 속한 데이터들의 해당 군집에 다시 목표값으로 부여하여 지도 학습으로 변환하는 데 많이 사용한다. 하지만 군집분석 알고리즘은 상당히 많은 종류가 개발되어 동일한 분석 데이터도 알고리즘에 따라 결과가 다르게 나올 가능성이 매우 높다. 그렇기 때문에 한 개의 군집분석 알고리즘만 사용하는 것보다 여러 개의 알고리즘을 사용하여 비교해볼 필요가 있다. 또한 군집분석 알고리즘은 처음에 군집을 분류하는 시작점에 따라 분석 속도에 차이가 많이 나기 때문에 보다 빠르고 정확한 결과를 도출하려면 군집분석 알고리즘에 업무 전문가의 지식을 사전 학습 형태로 제공해야 한다. 따라서 업무 관련 지식이 있는 경우 알고리즘 학습이 유리하다.

회귀분석

앞서 언급했지만 분석 대상 빅데이터를 잘 설명할 수 있는 선형 혹은 비선형 함수 선정은 매우 중요하다. 상용 소프트웨어에 내장된 함수 중 어떤 함수를 사용하는 게 좋을지 결정할 때는 최적화 알고리즘을 같이 활용하는 것이 좋다. 다양한 함수들을 최적화 알고리즘으로 평가하다 보면 정확한 결과를 내기에 적합한 함수 형태에 대해 어느 정도 감을 잡을 수 있다. 하지만 분석에 상관성이 적은 데이터로 학습시킬 경우 정확도가 아주 낮아지는 단점이 있다. 때문에 항상 차원의 저주 여부를 사전에 확인하는 습관이 필요하다.

링크분석

링크분석Link Analysis은 네트워크 노드 간의 관계나 연결을 평가하는 데 활용되는 네트워크 이론을 기반으로 한 데이터 분석 알고리즘이다. 노드는 다양한 형태의 사물이나 사람, 조직 혹은 거래내역 등이 될 수 있다. 가장 대표적인 활용 예는 SNS 분석이다. 예를 들어 SNS에서 단어 A와 단어 B를 각각 링크분석의 노드라고 정한 뒤 이 두 단어가 동일 문서에서 얼마나 자주 같이 나타나는지 분석하면, 두 단어가 서로 얼마나 관련 있는지 알 수 있다.

돈이 보이는 빅데이터

경주에서 지진이 발생했을 때 지역 주민들이 지진을 대비하여 어떤 물품을 준비하는지에 대해 SNS 분석을 해본 적이 있다. 물, 자동차, 주유 그리고 오래 지나도 부패하지 않는 빵이나 과자 관련 단어들이 지진, 대비, 물품이란 단어와 같이 나온다. 링크분석의 결과는 이처럼 단순하지만 지진과 관련된 단어들과 그런 단어들이 포함된 문서는 인터넷상에 너무 많다. 문서에 포함된 수많은 단어들이 어떤 단어들과 같이 나오는지를 사람이 하나씩 찾아서 분석한다는 것은 모래사장에서 바늘 찾기보다 어려운 일이다. 따라서 이런 연관성을 자동으로 분석할 수 있는 알고리즘이 필요한데, 알고리즘을 효과적으로 활용하려면 관련 전문가의 지식이 반드시 필요하다. 예를 들어 지진이 발생한 지역의 주민들이 급하게 준비하는 물품이 있을 거라는 가설, 그런 물품에 대한 사전 조사 등은 모두 해당 업무 전문가에게서 나온다. 데이터 분석가가 사전에 많은 지식을 알고 있을수록 분석 결과 품질이 높아지기 때문에 링크분석은 업무 전문가에 대한 의존성이 높은 알고리즘 중 하나이다.

분류

분류는 데이터를 이미 결정된 카테고리로 분류해주는 알고리즘으로 지문 인식 같은 패턴 인식 기법 등에 주로 활용된다. 기업의 실제 업무에도 가장 많이 활용될 수 있는 알고리즘이다. 예를 들면 대출에 따른 부도 여부 판단, 프로모션에 반응할 고객 탐색, 스팸 메일 분류, 암 진단 등 모든 것이 분류 알고리즘을 통해 가능해진다.

고양이와 개를 구분하는 경우도 마찬가지다. 고양이와 개의 사진에 각각 '고양이', '개'라고 그 사진이 속하는 목표값을 부여한 뒤 머신러닝 알고리즘을 학습시키는 것이다. 분류는 지도 학습의 가장 대표적인 사례이기도 하다.

분석 세트 데이터에 목표값이 없는 자율 학습의 경우, 앞에서 설명한 군집분석에서 생성된 군집을 목표값으로 처음 부여하여 지도 학습으로 변환한 후 분류를 하고, 분석된 결과를 군집분석에 선행 지식으로 제공하도록 반복 수행 루프를 구성하면 자율 학습 분류 알고리즘을 만들 수 있다.

요약

요약은 거대한 데이터의 빠른 분석을 위해 고차원의 분석변수 중 특징변수들을 찾아내어 분석차원의 수를 줄이는 차원 축소 기법에서 발전했지만 과거에는 매우 한정된 용도로만 쓰였다. 하지만 인터넷의 발전으로 웹페이지, 블로그, 각종 매체 기사 등 분석할 수 있는 텍스트의 양이 많아지면서 텍스트 요약 알고리즘으로 진화하며

돈이 보이는 빅데이터

요약의 용도가 다양해지고 있다.

텍스트를 요약하는 기법은 자연어처리Natural Language Process를 이해해야 하기 때문에 복잡하다. 두 가지 기법이 있다는 정도만 알고 있으면 될 것 같다. 첫 번째, 추출적 기법Extractive Method은 기존 문서에서 가장 중요한 문장들만 추려내는 방식이다. 두 번째, 개요적 기법Abstractive Method은 사람이 요약하듯이 문장을 읽고 핵심 내용을 완전히 새롭게 다시 작성하는 것이다. 요약 알고리즘이 개요적 기법을 인간처럼 흉내 낼 수 있는 수준까지 발전하지 못했기 때문에 현재는 추출적 기법을 많이 활용한다.

텍스트 요약 알고리즘은 자료를 읽고 적합한 문서를 찾는 시간을 단축시켜준다. 뿐만 아니라 데이터베이스와는 달리 처리방식에 표준이 없는 비정형 데이터인 텍스트를 분류하는 색인을 자동으로 만들어낼 수도 있다. 또한 여러 명이 요약을 할 경우 결과물의 품질이 각각 다를 수 있는데, 머신은 동일한 품질을 유지할 수 있다는 장점도 있다. 실제 업무에 가장 큰 변화를 가져올 디지털 기술로 현재 많은 기업들이 관심을 가지고 있는 인공지능 챗봇의 가장 중요한 핵심 기능이다. 국내 기업들도 통신사와 금융사를 중심으로 고객 상담 서비스에 챗봇을 도입하고 있다. 카카오톡과 같은 채팅창에 고객이 궁금한 것을 텍스트로 입력하면 상담사가 답변을 하는 것이 아니라 챗봇이 답을 찾아 제공하는 것이다. 머지않은 미래에 텍스트를 정교한 수준의 개요적 기법으로 요약하는 인공지능 알고리즘이 개발된다면, 인공지능이 고객의 질문을 이해해서 어느 정도 수준까지는 스스로 응답할 수 있을 것이다. 이렇게 된다면 챗봇이라 불리는 메시지 앱 기반의 단순한 자동응답 서비스들의 수준이 인간과 대화할 수 있는 수준으로 발전할 것이다. 즉, 핵심 키워드의 연광성을 기반으로 한정된 질문 목록을 먼저 보여주고 그중 하나의 질문을 클릭하면 미리 분류된 정보를 보여주거나 머신이 이해하기 어려운 메시지를 인간 담당자에게 전달한 뒤 답을 전하는 자동응답기가 아니라 좀 더 인간다운 모습으로 발전하게 되는 것이다.

연속성 분석

연속성 분석Sequence Analysis의 가장 대표적인 사례는 월마트다. 월마트는 영수증 단위로 고객 구매 물품 목록의 연속성을 분석했다. 그 결과 맥주를 사면 기저귀를 사는 경향이 있다는 걸 발견했고 상품 진열 위치를 변경해서 매출을 올렸다. 연속성 분석 알고리즘을 사용하려면 수집한 데이터가 순서와 관계없이 연속성을 가져야 한다는 점에서 다른 머신러닝 알고리즘과 차이가 있다. 맥주를 사고 기저귀를 사든 기저귀를 사고 맥주를 사든, 맥주를 사면 기저귀도 산다는 패턴을 찾을 수 있어야 한다. 이처럼 확률적으로 많이 발생하는 패턴을 찾으면, 미래에 하나의 사건이 일어날 때 그와 연속

돈이 보이는 빅데이터

된 다른 사건을 예측하는 데 활용할 수 있다.

현재까지 연속성 분석이 실제 업무에서 성공한 사례는 특정 질병에 관여하는 유전자 배열 순서 등을 찾아내는 유전자 과학 영역이지만 연속성 분석을 활용할 수 있는 업무 영역은 꽤 광범위하다. 제조업에서는 연속적인 생산 공정 간의 불량이 발생하면 어떤 공정순서 조합에서 불량이 발생하는지 분석할 수도 있다. 그 외에도 날씨나 주가 예측, 상품 추천 등에도 적용할 수 있다.

카드사에서 연속성 분석 알고리즘을 마케팅에 활용하면 고객의 구매 이력 데이터를 분석해서 소비 업종 간의 연속적인 관계를 발견할 수 있다. A라는 고객이 주말에 할인마트에 들른 후 주유소를 방문하는 빈도가 높거나 중저가 브랜드의 화장품 매장을 방문한 후패션 편집숍에 방문하는 빈도가 높다는 소비 업종 간의 연속적인 패턴을 분석했다면, 미래에 A 고객이 주유소를 방문할 때 할인마트관련 마케팅을 제공하면 고객이 반응할 확률이 상당히 높을 것이다. 고객 입장에서도 지금 당장 필요한 할인쿠폰을 얻었기 때문에혜택을 받았다고 느낄 것이다.

연속성 분석 알고리즘을 분류 알고리즘과 결합해서 사용하면 유전자 배열 분석, 이상징후 분석, 감정 분석 등이 가능해진다. 상품리뷰에서 단어들의 연속성을 분석하여 그 리뷰가 긍정인지 부정인지를 분류하는 감정 분석, 일본 나고야대 교수 사토 사토시佐藤理史가 개발하여 2016년 일본 문학상 예심까지 통과한 소설 쓰는 인공지능(사토 사토시 교수는 인공지능의 기여도 20%, 학습에 소요된 인간의 기여도 80%로 머신이 스스로 저술한 소설은 아직은 없다고 인정했다), 특정인의 필체를 그대로 따라 쓸 수 있는 대필 인공지능, 그리고 2016년 소니가 공개한 인공지능 작곡 알고리즘인 플로머신Flow Machine 등은 연속성 분석 알고리즘을 활용해서 학습된 연속성과 유사한 연속성을 만들어낼 수 있도록 진화하고 있다.

인공신경망

인공신경망Neural Network은 〈그림 2-4〉처럼 인간의 뇌가 신경과 신경 접합부로 구성된 것과 유사하게, 하나의 층에 속하는 뉴런Neuron이라는 인공신경이 그 앞뒤 층에 속한 뉴런들과 신경접합부로 복잡하게 연결돼 있는 형태로 구성된 알고리즘이다.

첫 번째 층이 데이터들을 인지하게 되므로 학습할 데이터의 분석 차원과 동일한 수의 뉴런을 갖게 된다. 출력층과 입력층 사이에 있는 여러 층을 은닉층Hidden Layer이라 부르는데, 이 부분에서 인간이 학습하는 것과 유사한 형태의 학습을 하게 된다. 학습된 결과는 출력층으로 전달된다. 분류 알고리즘의 경우, 출력층의 뉴런 개수는 분류해야 할 목표값의 개수와 같아야 한다. 따라서 그림은 분석변수가 3개이고 2개의 결과값을 갖는 5층짜리 인공신경망이다.

돈이 보이는 빅데이터

그림 2-4 인공신경망 구성도

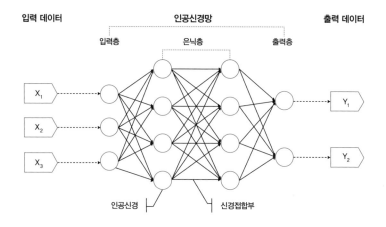

인공신경망 알고리즘은 분석가가 해당 업무를 전혀 모르더라도 인공신경망 스스로 업무 관련 규칙을 전문가처럼 찾아줄 수 있다. 예를 들어 고양이와 개의 얼굴을 인식하는 알고리즘에 입력된 고양이 사진에 대해 '맞음', '틀림' 이렇게 학습해야 할 목표값을 주면, 그 이미지에서 고양이의 특징을 찾아내 스스로 학습한다. 이런 장점 때문에 인공신경망 알고리즘은 한때 많은 관심을 받았다. 하지만 이후 여러 연구를 통해 인공신경망이 느리고, 데이터 숫자에 비해 많은 뉴런과 은닉층을 사용하면 데이터 하나하나를 기억해서 과거 사실에만 맞도록 학습해버릴 가능성이 높아 예측력이 떨어진다는 단점이 발견되어 관심이 줄어들었다.

인공신경망의 단점을 개선한 알고리즘이 바로 현재 많은 관심을 받는 딥러닝이다. 딥러닝은 인공신경망에서 파생되었기 때문에 주로 숫자 데이터 간의 비선형 관계 분석에 탁월한 성능을 보인다. 텍스트처럼 숫자가 아닌 데이터, 즉 비정형 데이터 처리를 위해서는 별도의 알고리즘이나 데이터 사전처리 등이 필요하다. 하지만 딥러닝 알고리즘도 인공신경망을 근간으로 하기 때문에 업무에 정통한 전문가를 필요로 하지 않는다.

퍼지로직

퍼지로직 알고리즘을 통해 얻을 수 있는 퍼지 규칙은 인간의 언어 표현과 가장 유사하다는 장점이 있다. 온도가 매우 높으나 압력이 매우 낮을 때 불량이 발생한다는 규칙도 퍼지로직 알고리즘을 활용하면 된다. 동일 학습을 한 인공신경망에서 규칙을 끄집어내면 온도가 3001~3010°C이고 압력이 400~410psi이면 불량이 발생할 확률은 87%라는 규칙이 나올 것이다. 인공신경망에서 도출된 규칙의 문제점을 찾을 수 있는가? 인공신경망에서 추출된 규칙을 통해서는 수집된 데이터의 온도가 2999.999°C에 압력이 400.00009psi일 때 불량률이 얼마나 되는지 알기 어렵다. 그 범위에 맞지 않거나 규칙을 조금이라도 벗어나는 데이터는 학습한 적이 없어서 예측도 할 수 없기 때문이다. 생산이나 설비 담당자에게 이런 규칙을 주면

돈이 보이는 빅데이터

매우 혼란스러울 것이다. 하지만 퍼지로직에서 도출된 규칙은 온도가 높고 압력이 낮다는 매우 포괄적인 의미가 있어서 동일한 데이터를 보고 불량으로 예측할 수 있을 것이다.

하지만 퍼지로직 알고리즘은 사전에 해당 업무 전문가의 지식이 필요하기 때문에 사람에 대한 의존도가 너무 높아지는 경향이 있다. 즉, 퍼지로직 알고리즘은 전문가가 없으면 퍼지 규칙을 제대로 발견해내지 못한다. 이런 단점 때문에 퍼지로직은 다른 머신러닝 알고리즘과 결합해서 인간이 이해하기 쉬운 규칙으로 최종 학습 결과를 제공해주면서도 업무 전문가의 지식을 필요로 하지 않는 하이브리드형 알고리즘으로 많이 개발된다.

퍼지로직이 많이 활용되는 영역은 제조 분야이다. 퍼지 규칙을 활용해서 인간이 생각하는 형태로 가전제품 등을 제어하는 데 주로 활용된다. 세탁기의 세탁 방식은 손빨래, 울세탁 등 인간이 이해할 수 있는 용어로 설정되어 있는데, 이런 세탁이 가능한 이유는 퍼지로직 알고리즘이 손빨래와 관련된 세탁 전문가의 지식을 학습해서 갖고 있기 때문이다.

러프집합

앞서 차원의 저주를 풀기 위해서는 가로축의 분석차원이 늘어날 때 지수적으로 급증하는 세로축의 케이스 데이터가 존재해야 한다고 설명했다. 하지만 케이스 데이터를 충분히 수집할 수 없는 경우가 종종 발생한다. 이때 사용할 수 있는 것이 러프집합 알고리즘이다. 이는 수집된 데이터로 충분히 분류할 수 있는 경우는 1로, 전혀 분류할 수 없는 경우는 0으로, 충분하지는 않지만 그 중간에 있는 영역을 경계 영역으로 구분해낸다. 경계 영역에 데이터가 없으면 이 문제는 1과 0, 두 개 그룹으로 완전히 분류해낼 수 있다.

불완전한 데이터로 알고리즘을 학습시킬 경우 도출된 규칙 간에 상충이 발생할 소지가 높다. 상충되는 규칙들에서 실제 업무에 활용할 수 있는 규칙을 찾아내야 된다. 이제 왜 러프라고 부르는지 이해가 되었을 것이다. 불완전한 결과가 도출되기 때문이다.

러프집합을 최초로 고안한 즈지스와프 파블라크Zdzisław Pawlak 교수가 논문을 통해 통신사의 이탈 여부를 러프집합 알고리즘으로 분석한 예를 소개해보겠다.

먼저 불완전한 데이터를 통해 도출한 규칙이 다음의 세 가지라고 가정해보자.

1. 이탈하지 않은 고객의 특성은 전화를 많이 혹은 적게 받으나 타 통신사 고객에게 전화를 적게 건다.
2. 이탈하는 고객의 특성은 타 통신사 고객에게 전화를 많이 하거나 받는 전화 수가 중간 정도이나 전화를 적게 건다.

돈이 보이는 빅데이터

3. 전화를 중간 정도로 많이 받지만 같은 통신사를 쓰는 사람에게 전화를 적게 거는 고객은 이탈 여부를 판단할 수 없다.

이렇게 도출된 규칙들은 불완전한 분석 데이터 세트를 갖고 러프집합 알고리즘을 통해 만들어진 것이라 세 가지 규칙이 뭘 말하는 건지 잘 정리가 되지 않는다. 하지만 이탈 고객 규칙을 뒤집어 이탈의 관점에서 다시 정리하면 이탈 여부를 판단할 수 있는 좀 더 일반적인 두 가지 규칙을 찾을 수 있다.

1. 이탈 가능성이 낮은 고객은 전반적으로 전화를 적게 사용한다.
2. 이탈 가능성이 높은 고객은 전화를 받는 빈도, 같은 통신사 내의 고객에게 전화하는 빈도 모두 중간 정도이다.

차원의 저주를 풀 만큼 충분한 케이스가 없을 때, 러프집합 알고리즘을 사용하면 정확도의 손실은 있어도 분석이 불가능하지는 않다는 사실을 알고 있어야 한다.

유전알고리즘

유전알고리즘Genetic Algorithm은 여러 대안 중 생존에 적합한 대안을 다음 세대에 물려주고, 다시 적자만 생존시키는 진화 과정을 반복하여 최적의 대안을 선정하는 최적화 알고리즘 중 하나다. 유전 알고리즘은 학습 알고리즘이 배운 여러 학습 내용 중 최적의 학습 내용이 무엇인지 탐색하기 때문에 별도의 학습 알고리즘이 필요하다. 대부분의 머신러닝 알고리즘은 데이터를 학습하는 부분과 학습된 결과 중 최적의 결과를 탐색해내는 최적화 부분으로 구성된 경우가 많다. 그렇기 때문에 유전알고리즘을 결합해서 기존의 최적화 부분 대신 활용하는 경우도 있다.

생물이 진화를 통해 우수한 종을 후세에 남기듯 유전알고리즘도 학습된 여러 알고리즘 중 가장 우수한 알고리즘을 찾을 수 있기 때문에 많은 관심을 받고 있다. 우수한 학습 알고리즘은 데이터에 급격한 변화가 발생하더라도 잘못된 결론을 도출할 오류 발생 가능성이 적어지기 때문이다.

유전알고리즘은 생물이 진화 과정 중 겪는 돌연변이와 이종교배를 통해 새로운 적자를 만들어낸다는 사실을 알고리즘으로 구현한 것이다. 처음에는 일정 수의 서로 다른 대안을 만든다. 이 중 다른 대안보다 우수한 대안들이 선정되면 이들이 부모 세대가 된다. 부모 세대를 이종교배하면 부모보다 우수한 대안이 만들어진다. 하지만 다음 세대는 부모 세대보다 그 수가 줄어들 수밖에 없기 때문에 줄어든 숫자만큼 돌연변이 대안을 추가하여 다음 부모 세대의 숫자를 이전 부모 세대와 동일하게 맞춰준다. 이런 과정을 반복하면 결국 다음 세대가 이전 세대와 차이가 거의 없는 순간이 온다. 그때 마지막 대안을 최적의 대안으로 선정하고 알고리즘은 종료하게 된다.

유전알고리즘은 정확성은 높지만 다른 최적화 알고리즘에 비해 속도가 느려 최근까지 활용되지 않다가, 빅데이터를 위한 저가의 분산·병렬 처리 기술이 발전하면서 활발히 활용되고 있다. 생각해보면, 진화 과정을 굳이 하나의 컴퓨터에서 순서대로 계산할 필요는 없다. 엄청나게 많은 컴퓨터에서 각각 진화를 시킨 후 이를 취합하여 그중 가장 우수한 것을 추려내면 되기 때문에 유전알고리즘 자체가 다른 알고리즘에 비해 상대적으로 분산·병렬 처리 방식에 가장 적합하다.

머신러닝 알고리즘은 각각 장단점이 존재한다. 따라서 한 가지 알고리즘을 사용하는 것보다 궁합이 잘 맞는 알고리즘들을 결합해 사용하면 단점을 많이 상쇄할 수 있다. 퍼지로직과 인공신경망을 결합하는 경우를 보자.

퍼지로직을 사용한 이유는 세상의 모든 일이 이분법적으로 명확하게 구분할 수 없는 경우가 많기 때문에 이를 수치화하기 위해서다. 주중과 주말의 구분도 마찬가지다. 고객들이 달력에 있는 날짜 구조처럼 월요일부터 금요일을 주중으로 인지하고 토요일과 일요일을 주말로 인지할까? 실제로 사람이 느끼는 주말은 금요일 저녁부터 시작되어 고조되다가 일요일 오후부터는 점차 감소되어 월요일 출근과 더불어 사라질 것이다.

그림 2-5 퍼지로직으로 표현한 주중과 주말 분포

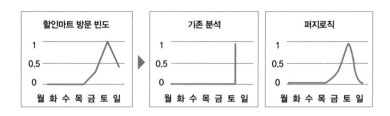

〈그림 2-5〉 가장 왼쪽 그래프는 한 고객이 할인마트를 특정 기간 동안 방문한 빈도를 조사한 결과이다. 중간 그래프는 기존 분석처럼 토요일과 일요일만 주말로 구분한 것이고 우측 그래프는 퍼지로직으로 주말을 표현한 것이다. 이처럼 퍼지로직을 활용해 사건 발생 확률을 분석에 포함시키면 좀 더 정확한 분석이 가능해진다.

또한 퍼지로직을 사용하면 분석변수의 구간값이 줄어들면서 차원의 저주에서 벗어날 수 있는 장점도 있다. 분석 데이터 세트의 크기가 줄기 때문에 인공신경망 알고리즘의 분석 속도는 그만큼 빨라지고 정확한 결과를 얻을 가능성도 높아진다. 퍼지로직의 멤버십 함수는 인간이 이해할 수 있는 형태로 표현되므로 퍼지인공신경망Fuzzy Neural Network 알고리즘의 학습 결과를 인간 전문가가 이해할 수 있는 규칙으로 다시 추출해낼 수 있다는 것 또한 장점이다. 퍼지 인공신경망 외에도 기존 머신러닝 알고리즘을 결합한 다양한 하이브리드 머신러닝 알고리즘들이 개발되어 있으니 관심을 가지고 장단점을 찾아보는 것도 좋다.

4

빅데이터 분석의 세 단계

빅데이터 분석은 크게 세 단계로 구분할 수 있는데, 각 분석 단계마다 세부적으로 3~4개의 하위 과정이 있다. 이제부터 설명할 각 단계들을 향후 빅데이터 분석을 수행할 때 하나씩 적용해보면 어느 순간 훌륭한 빅데이터 분석 전문가로 성장해 있을 것이다. 빅데이터 분석 과정은 각 단계마다 정확한 결과를 얻을 때까지 반복을 거치고 각 단계가 진행될 때마다 결과가 제대로 나오지 않을 경우 다시 전 단계를 반복해야 하는 연속 공정이다.

1단계: 빅데이터 사전 처리 및 특징변수 식별

1. 분석 목적에 맞는 가설을 수립하고 각 가설을 입증하는 데 필요한 분석변수를 기업 내에 있는 데이터에서 찾아보고 외부 데이터가 필요한 경우 확보하는 과정.

2. 데이터에 포함되어 있을 수 있는 노이즈나 유효하지 않은 데이터들을 제거하는 기초적인 데이터베이스 클렌징 후, 분석변수와 케이스의 수를 비교하여 차원의 저주 발생 여부를 점검하고, 분석하는 데 필요한 크기의 데이터를 수집하는 과정.

3. 기존 분석변수들 간에 존재하는 관계를 데이터 시각화 기법으로 분석하고, 비즈니스의 의미를 상실하지 않은 새로운 특징변수를 추출해낸 후 학습을 위한 충분한 케이스 데이터들을 수집하는 과정.

2단계: 알고리즘 선정 및 학습

1. 식별된 특징변수 중 분석에 사용할 만큼 충분한 케이스 데이터를 확보한 특징변수를 최종 확정하고 분석 목적에 맞는 머신러닝 알고리즘을 선정하는 과정.

2. 선정된 알고리즘의 매개변수를 조정하거나 보완하는 과정.

3. 특징변수를 포함한 빅데이터 분석 데이터 세트를 활용하여 알고리즘

돈이 보이는 빅데이터

을 학습시키는 과정.

4. 학습된 알고리즘에 향후 노이즈가 심한 데이터가 입력되더라도 오류 발생 가능성을 최소화할 수 있도록 학습된 알고리즘의 노이즈 등에 대한 민감도 등을 테스트하는 과정.

3단계: 학습된 알고리즘에서 업무 규칙 추출

세 번째 단계는 전문가 시스템Expert System처럼 학습된 알고리즘이 어떻게 결론에 도달했는지를 분석 담당자나 업무 담당자가 이해할 수 있도록 전문가 시스템에서 주로 많이 사용하는 IF-THEN 형태로 알고리즘의 학습 결과를 변환시켜주는 단계이다. 전문가 시스템에서 사용하는 규칙은 전문가들의 지식을 시스템에 포함시키기 쉽다는 장점이 있다. 하지만 전문가들이 제시한 규칙이 상호 충돌하거나 중복되어 불필요한 규칙이 도출되면 발견하기가 어렵고, 하나의 규칙이 변경될 때 변경된 규칙이 전체 규칙들에 미치는 영향을 파악하기 어렵다는 단점도 존재한다. 특히 전문가 시스템에 내장되어 있는 규칙의 수가 많을 경우 새로운 규칙이 발견되었을 때 기존에 사용하던 규칙 세트에 대한 관리와 업데이트가 쉽지 않다. 이런 단점을 극복할 수 있도록 머신러닝 알고리즘으로부터 업무 규칙을 추출하는 것이 주된 목적이다.

1. 학습된 알고리즘에서 인간이 이해할 수 있는 규칙을 추출하기 위해 적합한 규칙 추출Rule Extraction 알고리즘을 찾는 과정.
2. 추출된 규칙들을 인간이 이해하고 관리할 수 있도록 충돌이나 중복 등을 제거하여 최소한의 규칙으로 축소하는 과정.
3. 추출된 규칙이 학습된 결과를 충실히 반영하는지 확인하는 과정.

1980년대만 해도 전문가들의 지식을 규칙으로 만들어 활용하는 전문가 시스템이 활성화된 시기였던 만큼 학습된 다층 인공신경망에서 전문가들이 이해할 수 있는 규칙 형태로 다층 인공신경망의 학습 결과를 추출할 수 있는 규칙 추출 알고리즘의 개발 역시 중요했다. 지금처럼 알파고가 이세돌 9단을 어떻게 이겼는지 설명하지 않아도 되는 시기가 아니었다. 관련 분야 전문가가 이해할 수 있는 형태로 학습된 결과를 제시해야만 실제 업무에 적용 가능하다고 받아들여주는 시기였기 때문에 전자공학에서 활용하는 알고리즘을 개선해서 다층 인공신경망 규칙 추출 알고리즘을 개발했다. CPU에 사용되는 집적회로는 데이터가 0과 1로 구성되고 AND와 OR만의 로직연산을 사용하여 덧셈, 뺄셈처럼 단순한 연산부터 통계분석이나 시그널 프로세싱처럼 복잡한 연산까지 다 해낸다. 이런 연산이 한번에 전 회로를 동시에 사용하는 것이 아니기 때문에 전자공학에서는 공통으로 사용 가능한 회로를 찾아내어 이를 줄이는 기법이 있다. 다층 인공신경망에서 규칙을 추출하면 엄청난 수가 추출되는 데 이 규칙들을 자세히 살펴보면 전자회로처럼 데이터가 0과 1, 두 가지만 있는 것은 아니지만 AND, OR로 연결된 집적회로와 동일한 형태의 규칙 구조를 가지기 때문에 이를 기반으로 새롭게 규칙을 집적할 수 있는 알고리즘을 개발하였다.

세 단계 분석 중 어느 한 단계를 생략하고자 한다면 그 영향에 대해 충분히 검토해야 된다. 분석의 각 단계는 이전 단계에서 도출된 결과에 많은 영향을 받기 때문에 이전 단계에서 발생한 사소한 오류로 다음 단계 전체를 처음부터 다시 해야 되는 경우가 많이 발생한다.

5

빅데이터 분석의 네 가지 목적

빅데이터에 대한 관심이 수집과 저장을 하는 하둡이라는 기술에서 저장되어 있는 데이터를 분석하여 업무에 유용한 성과를 얻어내는 인공지능, 머신러닝 및 딥러닝과 같은 분석으로 옮겨지면서 한 가지 문제가 생겼다. 기존에도 고객관계관리Customer Relationship Management, CRM 등 많은 분석을 해왔던 기업들이 기존 분석과 빅데이터 분석의 차이점에 대한 의문을 끊임없이 제기한 것이다.

특히 빅데이터 플랫폼을 구축한 경험이 있거나 소셜데이터와 같은 외부의 비정형 데이터를 분석한 경험이 있는 기업들은 기존 분석과 빅데이터 분석 간에 다른 점이 없다고 생각한다. 앞에서도 언급했지만 이런 오해는 빅데이터가 소개되기 이전에도 데이터 분석을 이미 잘 해왔거나 과거 대비 현재 데이터가 급격하게 증가하지 않는 사업을 하는 기업들 입장에서는 당연할 수 있다. 단순히 소셜데이터를 분석하거나 머신러닝 알고리즘을 사용한다고 크게 변할 것이 없기 때문이다. 하지만 그동안 차원의 저주 때문에 불가능하다고 여겨 책상 밑으로 내려놨던 비즈니스 혹은 수집을 포기했던 빅데이터 관점에서 다시 바라보면, 기존 분석과 빅데이터 분석 간에는 분명한 차이가 있다. 불가능하다고 포기했던 비즈니스와 데이터 분석이 빅데이터로 인해 차원의 저주가 풀리면서 가능해질 것이기 때문이다.

　대부분 기업들은 통계적 목적을 가지고 데이터를 분석했다. 그러나 빅데이터의 등장으로 이제는 통계적 목적뿐 아니라 과거에 불가능하다고 생각했던 분석 목적들도 달성할 수 있게 됐다. 세계 3대 경영전략 애널리스트로 꼽히는 토머스 데븐포트Thomas H. Davenport 미국 뱁슨대학Babson College 교수가 주장한 분석의 네 가지 목적을 보면, 기업 관점에서 빅데이터로 얻을 수 있는 추가적인 목적이 무엇인지 알 수 있다.

　토머스 데븐포트는 분석 목적을 학문적이고 기술적인 측면에서 설명했기 때문에 이를 실제 비즈니스 관점에서 현장 경험을 기반으로 정의를 재해석했다.

그림 2-6 빅데이터 분석의 목적

통계분석	확률적 예측분석	인지분석	자동화된 의사결정
전통적 통계 기법	빅데이터 분석 기법	머신러닝	인공지능

통계적 분석

　대부분의 기업들은 기업 내부에 쌓여 있는 데이터 분석을 위해 다양한 통계적 분석 방법을 활용하고 있다. 분석가들은 통계분석 기법을 이용해 기업 내에 있는 여러 데이터들을 요약하여 기업의 성과 등을 경영진에 전달함으로써 의사결정에 필요한 기초자료를 제공한다. 전체 데이터를 확보할 수 없는 경우, 샘플 데이터 분석을 통해 진체 데이터를 추정할 수 있도록 해줌으로써 경영진뿐만 아니라 기업 내 데이터 분석을 필요로 하는 업무 부서에도 정보를 제공한다.

　하지만 통계적 분석에는 한계가 있다. 분석 결과는 과거 데이터의 요약이기 때문에 과거 상태를 이해하는 것에는 도움이 되지만, 미래가 어떻게 변화할 것인가에 대한 정확한 예측까지는 제공할 수 없다. 통계분석 결과를 기반으로 미래를 예측하는 것은 여전히 업무 담당자인 인간의 몫이다. 물론 통계적 분석 기법 중에도 기업에서 많이 사용하는 회귀분석 같은 알고리즘은 과거 데이터를 기반으로 미래를 예측할 수 있지만, 실제 업무에서는 내장된 함수들만으로 표현하지 못하는 비선형적인 데이터 형태가 발생할 수 있기 때문에 한계가 있다. 앞서 열 가지 머신러닝 알고리즘은 각각 사용 목적과 장단점이 다르다고 언급했듯 회귀분석 알고리즘은 분석변수 간에 선형관계가 있을 경우 그리고 이를 함수로 표현할 수 있을 경우에만 보다 정확한 예측을 할 수 있다.

통계분석은 빅데이터의 가장 기본적인 목적이다. 따라서 이 목적으로만 빅데이터를 활용하고자 한다면 차원의 저주로 데이터 양이 부족하여 회귀분석 알고리즘 사용 시 부정확한 결과가 나왔던 문제들을 해결할 정도로만 사용할 수 있을 것이다. 빅데이터가 줄 수 있는 보다 큰 혜택을 받고 싶다면 새로운 활용 목적을 설정해야 한다.

확률적 예측분석

한때 빅데이터를 통해 예측분석이 가능하다고 하면 말도 안 된다고 외면받았던 시절이 있었다. 빅데이터로 뭘 할 수 있는지 보여달라는 요구도 많았다. 빅데이터로 예측분석이 가능하다는 것을 보여주기 위해 세계 최대 시장인 미국의 자동차 구매 관련 소셜데이터로 자동차 강판 수요를 예측하는 간단한 분석을 했다. 분석의 첫 단계로 자동차 판매량 증감과 자동차 강판 수요 증감의 상관성이 높을 것이라는 가설과 자동차 판매량의 증감은 자동차를 구매하려는 고객의 요구와 상관관계가 있을 것이라는 두 가지 가설을 수립했다. 이 가설을 잘 표현할 수 있는 데이터로 미국 내 SNS에 자동차 구매를 언급한 빈도와 미국 자동차 강판 수출량을 선정했다.

단순 예측 알고리즘임에도 불구하고 재미있는 분석 결과가 나왔다. 미국 내 소비자들이 약 1년 전에 강한 자동차 구매 의사를 표명하면 그다음 해에 자동차 강판 수요가 증가한다는 것이다. 분석가로서는 굉장히 고무적인 결과를 도출했다고 생각했지만 빅데이터를 통한 예측분석 가능성을 보여주는 데는 실패했다. 분석을 어느 정도 이해하는 한 고객은 과거 데이터에 너무 과적합Overfitting시킨 결과일지도 모르기 때문에 신뢰할 수 없다고 했다. 분석 모델이 너무 간단해서 맞는 얘기일 수도 있겠다 싶어 다음 달 강판 수요도 예측했다. 그 결과 수요 증감을 예측할 수 있었지만, 고객은 또다시 우연히 맞은 게 아니라는 것을 입증해달라고 했다.

대다수의 사람들은 데이터 분석으로 예측이 가능하다고 하면 이를 불신하는 경향이 있다. 하지만 빅데이터를 활용하면 과거 데이터에 기반해 확률적 예측분석이 가능하다. 과거 데이터에 기반한 확률적 예측분석이란 과거 소비 데이터를 기반으로 어떤 소비를 할 가능성이 높은지 확률적으로 예측할 수 있다는 것이다. 사람들이 토요일에 특정 소비를 반복적으로 하는 경향이 있다면 과거 소비 데이터를 분석해서 토요일에 주로 소비하는 업종별로 소비 확률을 산출할 수 있다. 매주 토요일마다 소비 패턴이 다르다면 주 단위의 업종별 소비 확률까지 알아낼 수 있을지도 모른다. 빅데이터 분석을 통해 고객의 토요일 소비 패턴을 밝힐 만한 여러 가지 분석변수를 발굴한다면 토요일에 고객이 소비할 가능성이 높은 업종별로 소비 예측 확률을 산출할 수 있을 것이다. 이 확률을 바탕으로 고객에게 필요한 프로모션을 제공한다면 소비할 계획이 없던 고객이 프로모션 때문에 돈을 쓸 수도 있다. 확률적 예측이 가능하려면 과거 데이터에서 미래에도 크게 변하지 않을 소비 패턴을 찾는 게 중요하다. 만약 고객의 과거 소비 데이터에서 이런 패턴을 찾을 수 없다면, 그 고객에게는 확률적 예측분석에 근거한 프로모션을 진행하면 안 된다.

알고리즘을 과거 데이터로 학습시켜 특정 패턴을 찾고 미래를 확률적으로 예측하는 것은 제조업에서도 가능하다. 이런 예측은 생산설비의 유지 보수를 미리 진행할 수 있게 해주고 불량 발생 시 신속한 대응이 가능하게 해줌으로써 불량률을 크게 낮춰준다. 기업이 빅데이터를 통해 얻고자 하는 실제 업무에서의 성과는 높은 마케팅 반응률, 낮은 기계 불량률 외에도 다양하다. 빅데이터를 통해 확률적 예측분석을 목적으로 알고리즘을 개발한다면 충분한 성과를 얻을 수 있다.

인지분석

1586년 옥스퍼드 영어사전에는 '인지'라는 용어가 '무엇을 알아가는 행위 또는 과정'으로 정의되어 있다. 현재는 인간의 마음과 동물, 인공적·지적 시스템에서 정보가 처리되는 방식에 대해 연구하는 학문을 일컫는 광범위한 의미를 갖게 되었다. 데이터 분석 관점에서 '인지'는 정형화된 규칙과 사물을 표현할 때 어떤 특징으로 표현할지 찾는 것이다. 좀 더 간단히 설명하면, 정형화된 규칙이나 어떤 사물에 대한 인식을 배우는 과정이다. 인간도 학습을 통해 사물을 인지하듯 머신도 학습을 통해 인간과 동일한 인지를 할 수 있음을 의미한다.

기업들은 전부터 규칙 기반 시스템Rule-Based System 혹은 전문가 시스템으로 알려진 분석 기법과 같은 인지분석 관련 기법을 사용하고 있었다. 금융회사는 부정 거래를 발견하기 위해 고도의 이상거래탐지시스템Fraud Detection System, FDS이 필요하다. 현재 이상거래탐지시스템은 전문가가 과거 부정 거래 데이터 분석 결과를 인간이 이해할 수 있는 형태의 규칙으로 표현한 후 이를 코딩하여 소프트웨어로 만들어놓은 것이다. 모든 금융 거래 데이터는 이상거래탐지시스템을 거치게 돼 있고 시스템에 내장된 규칙에 거래가 탐지될 경우 부정 거래가 된다.

해외여행 시 카드 사용 경험이 있는 고객들은 부정 거래에 대한 문자를 받은 경험이 있을 것이다. 이상거래탐지시스템에서는 미국

돈이 보이는 빅데이터

에 있는 가맹점에서 거래 승인이 발생한 경우 바로 직전 사용 지역을 확인한다. 직전 사용 지역이 국내이고 현재 승인 거래와 직전 거래가 일어난 시간이 도저히 한국에서 미국으로 이동할 수 있는 시간이 아니라면 부정 거래로 인지한다. 전문가 시스템에서 사용되는 규칙은 업무 전문가가 만들어낸 규칙이기 때문에 누구라도 쉽게 수긍이 갈 만한 것들로 구성된다.

하지만 누구나 이해할 수 있는 규칙은 누구라도 규칙에 들키지 않을 방법을 찾아낼 가능성이 있어, 최근에는 전문가 시스템의 한계가 드러나는 사례가 나오기 시작했다. 전문가의 지식을 뛰어넘는 부정 거래 형태가 발견되면서 전문가 시스템에 기반한 이상거래탐지시스템만으로는 부정 거래를 모두 탐지하지 못하는 것이다. 새로운 비즈니스의 출현으로 전문가의 지식이 더 이상 정확하지 않은 사례도 나오기 시작했다. 글로벌 온라인 거래가 활성화되면서 해외에서 직접 구매하는 '직구'라는 새로운 비즈니스 유형이 생겨났다. 직구가 활성화되면서 해외 배송을 전문으로 하는 회사들도 생겨났다. 해외 직구의 경우 직전에 카드를 사용한 지역은 국내이지만 바로 다음 거래가 미국에서 일어날 수도 있기 때문에 앞에서 언급한 부정 거래 탐지 규칙을 적용할 수가 없다. 전문가들이 이런 유형을 빠르게 감지해서 매번 시스템에 규칙을 추가하기에는 한계가 있는 것이다.

금융사들이 주목하는 것은 전문가보다 새로운 규칙을 빨리 찾아낼 수 있는 머신러닝 알고리즘의 등장이다. 머신러닝 기법을 활용하면 비즈니스 방식의 변화로 발생하는 여러 가지 문제들을 머신이 스스로 학습하기 때문에 인간이 미처 발견하지 못한 규칙들까지 발견해서 부정 거래에 대응할 수 있다. 따라서 미래 업무 환경에서 전문가 시스템의 기존 규칙은 머신이 발견한 지식으로 대체되고, 머신이 발견한 지식을 업무 전문가가 검토해서 규칙으로 추가할지 여부를 결정하는 방식으로 변화할 것이다. 인간이 머신의 인지분석 능력을 받아들여 협업하는 형태가 되는 것이다.

빅데이터를 인지분석 목적으로 활용한다면 업무 전문가의 도움을 받는 머신러닝 알고리즘은 수집된 빅데이터를 기반으로 사람이 찾지 못하거나 사람이 분석하기에 너무 세분화된 규칙을 빠른 속도로 찾아낼 수 있다. 빅데이터로 인지분석을 할 수 있는 수준까지 활용도를 높이면 업무 처리 속도가 매우 빨라지면서 확실한 비용절감 효과를 얻을 수 있다.

머신러닝이라는 용어가 흔히 사용되면서 누구나 머신러닝의 의미를 알고 있는 듯 보인다. 하지만 머신러닝 알고리즘을 어떻게 개발하면 되는지, 머신러닝과 딥러닝은 같은 것인데 왜 구분해서 부르는지, 머신러닝 알고리즘과 빅데이터가 무슨 관계가 있는지는 전혀 모르면서 용어만 언급하는 경우가 많다. 심지어 딥러닝 알고리즘을 학습시키면 인간과 완전히 동일한 형태로 업무에 활용할 수 있다고 오해하는 경우도 있다. 오픈소스로 공개돼 있는 딥러닝 알고리즘에 단순히 데이터를 많이 수집해서 제공하면 인간처럼 알아서 학습하고, 모든 것을 할 수 있다고 여기는 것이다. 하지만 앞서 설명한대로 인지분석은 스스로 의사결정을 하지 않는다.

자동화된 의사결정

'자동화된 의사결정'이란 용어는 20년 전에도 있었지만, 당시에는 꿈같은 얘기였다. 그게 가능할 거라고 믿는 사람은 극히 드물었다. 심지어 자동화된 의사결정이 가능한 인공지능 알고리즘도 자동화된 의사결정이 아닌 의사결정 지원 알고리즘으로 소개한 적도 있었다. 그만큼 인간은 머신이 내린 결정에 많은 거부감을 갖고 있다.

자율주행자동차가 등장한 지금도 인간은 머신이 스스로 의사결정을 해서 인간과 동일하게 운전할 수 있다는 사실을 받아들이고 싶어 하지 않는다. 자율주행자동차가 운행 중 사고를 낼 경우 관련 법규를 어떻게 만들 것인지에 대해 심각한 논쟁이 발생하는 이유도 여기에 있다. 테슬라는 자율주행 알고리즘인 오토파일럿을 완전 자율주행으로 홍보했지만 2016년 5월 오토파일럿은 거대한 하얀색 트럭을 하늘로 인식해 멈추지 않고 주행하다가 사망사고를 냈다. 미국 고속도로교통안전국은 테슬라의 오토파일럿 모드는 자율주행이 아니라 운전자 보조 기능이라고 공식적으로 발표했다. 따라서 운전자가 전방을 주시해야 할 의무가 있으며, 운전자가 이를 지키지 않은 것으로 판단했다.

이처럼 아직까지는 머신이 의사결정의 주체가 된다는 사실을 받아들일 사회적 공감대가 형성되지 않았다. 하지만 테슬라가 오토파일럿이라는 반 자율주행 알고리즘을 자동차에 장착한 후 벤츠, BMW 등 세계 유수의 자동차 회사들이 신속하게 반 자율주행자동차 시장에 뛰어들고 있다. 완전 자율주행자동차가 세상에 등장하는 건 시간 문제다.

딥러닝 등 머신러닝 알고리즘만 있으면 머신 스스로 의사결정이 가능하다고 소개되는 경우가 종종 있지만 자동화된 의사결정은 알고리즘만으로는 불가능하다. 이 부분이 자동화된 의사결정과 인지분석의 분명한 차이점이다. 머신이 자동화된 의사결정을 하게 만들기 위해서는 추가적인 기술이 필요하다. 인간의 의사결정 과성은 가치, 선호도, 신념 등 상황에 맞는 최적의 기준을 선정한 후 여러 대안 중 최종적인 대안 하나를 찾는 과정이다. 인공지능 알고리즘은 인간을 흉내 내는 것이 최종 목적이므로 머신의 의사결정 과정도 최적화된 선정 기준을 스스로 찾아 평가한 후, 탐색한 여러 대안들 중 최종적으로 하나의 대안을 선정하게끔 설계된다. 인간은 대안을 평가하기 위해 학습과 경험에 기반한 자신만의 기준을 갖고 있지만, 머신이 대안을 평가할 수 있는 기준을 스스로 찾으려면 의사결정의 패러독스라고 불리는 문제점을 해결해야 한다. 다양한 기법들이 여러 연구를 통해 개발되고 있으나 동일한 대안을 평가해보면 기법에 따라 결과가 천차만별로 다를 수 있다. 인공지능 연구에서는 이런 현상을 의사결정의 패러독스라고 부른다.

딥마인드가 50개 알파고끼리 자체 대국을 했듯, 머신러닝 알고리즘을 다양한 빅데이터로 학습시켜 여러 대안을 생성할 수는 있지만 이런 대안 중에 최적의 대안을 선정하려면 의사결정 알고리즘이 추가로 필요하다. 의사결정 알고리즘은 여러 대안에 대해 상호 동의를 하게 만들거나 투표를 통해 최적의 대안을 선정하게 하는 등 딥러닝과는 다른 다양한 기법이 존재한다. 알파고에도 딥러닝을 기반으로 학습한 여러 알고리즘에서 서로 다른 대안을 만들어내고, 만들어진 대안들을 다시 각 알고리즘들이 평가해 최적의 대안이 뭔지 투표하게 함으로써 최종 대안을 선정하는 의사결정 알고리즘이 사용됐다. 머신은 머신러닝에 의한 인지분석과 의사결정 알고리즘이 결합돼야만 자동화된 의사결정이 가능하다.

자동화된 의사결정 알고리즘은 아직까지 자율주행자동차에 집중되어 경쟁적으로 개발되고 있지만, 기업들이 자동화된 의사결정을 실제 업무에 적용하면 단순하지만 빠른 의사결정이 필요한 업무 영역부터 먼저 적용하려고 할 것이다. 인간은 정보가 아니라 직관에 따라 의사결정을 내리는 경우가 많기 때문이다. 미국 콜로라도 대학의 한 연구에 의하면, 인간의 의사결정에 영향을 미치는 요소가 복잡한 환경이라고 한다. 의사결정을 내릴 때 필요한 정보나 시간이 부족하거나 상당한 위험이 존재하면 직관에 따라 결정하는 경우가 더 많다는 것이다. 이런 경우 잘못된 의사결정일 확률이 높다. 만약 머신이 의사결정을 한다면 인간처럼 직관에 따라 평가하지는 않을 것이다. 로봇의 도입으로 제조업의 생산성이 향상됐듯, 자동화된 의사결정을 목적으로 빅데이터를 활용한다면 마케팅을 비롯한 인간만이 할 수 있던 업무 영역의 생산성도 높아지며 기존 비즈니스에 많은 변화가 발생할 것이다.

빅데이터 활용 목적에 따라 기업이 체감할 혜택의 크기는 확연히 달라진다. 빅데이터를 통계적 분석 목적으로만 활용한다면 기존 데이터 분석과 차이를 크게 느끼지 못하겠지만, 확률적 예측분석 목적으로 활용한다면 기존 분석보다는 좀 더 정확성이 높아질 것이다. 물론 기존 분석의 연속선상의 업무에 적용되기 때문에 완전히 새로운 기술이라는 느낌을 받기 어렵다. 하지만 인지분석 목적으로 빅데이터를 활용한다고 생각해보자. 반복적이고 방대한 데이터 분석의 경우 머신은 인간과 비교할 수 없을 정도로 빠르고 정확하게 분석하기 때문에 실제 업무 담당자들의 생산성이 급격하게 향상될 것이다. 마지막으로 자동화된 의사결정을 목적으로 빅데이터를 활용하면 아주 단순한 업무부터 머신이 인간을 대체하기 시작할 것이다. 이렇게 되면 기존 비즈니스가 무너지고 새로운 비즈니스가 만들어진다. 자율주행자동차가 완성되면 운수업이라는 기존 비즈니스가 무너지면서 자율주행자동차를 기반으로 하는 새로운 비즈니스가 만들어질 것이다. 빅데이터는 쓰기 나름이다.

돈이 보이는 빅데이터

PART
3

재주 넘는 빅데이터,
돈 버는 인공지능과
머신러닝

1

인공지능, 머신러닝, 딥러닝의 역사

인공지능이 국내에 처음 소개되었을 때, 공상과학 영화들에 나오는 로봇의 이미지 때문에 부정적인 부분이 많이 부각되었다. 초기에 인공지능은, 인간이나 동물에게 있는 자연적인 지능과 구별하여 머신에게 부여될 수 있는 지능으로 정의되었다. 즉, 문제 해결이나 학습과 같이 인간의 인지능력을 머신이 흉내 내는 것을 의미했다. 하지만 컴퓨터 연산 속도와 네트워크 속도가 급속하게 발전하면서 머신이 수행할 수 있는 일들이 늘어나자 인공지능은 기존에 못했던 것을 가능하게 하는 것으로 정의하려는 급진적인 동향도 생겨나는 등 아직도 인공지능 정의에 대한 논쟁이 이어지고 있다. 2017년부터 인공지능을 개념적인 정의보다는 활용 가능한 범위로 인식하려

돈이 보이는 빅데이터

는 경향이 생겼다. 현재 인간의 말을 알아듣는 기술, 전략적인 사고가 필요한 고난도 게임을 할 수 있는 기술, 자율주행자동차, 이미지나 동영상 같은 복잡한 데이터를 해석할 수 있는 기술 등이 인공지능에 포함되는 식이다. 따라서 한때 인공지능 기술로 받아들여지던 이미지에서 문자를 인식하는 기술인 광학식문자판독기Optical Character Reader, OCR는 더 이상 인공지능으로 여겨지지 않는 추세다. 인공지능 정의에 대한 논쟁이 끊이지 않는 이유는 무엇일까? 그것은 바로 인공지능의 발전 역사 때문이다.

인공지능이 새로운 학문으로 인정받은 것은 1956년이지만, 당시 낮은 기술 수준 때문에 인공지능에 대한 실망이 확산되자 점차 연구기금이 사라지면서 인공지능 빙하기가 왔다. 이 빙하기가 연구자들 간 교류를 막아버렸지만 그 시기를 버텨낸 연구자들 덕분에 인공지능은 다양한 분야로 발전하기 시작했다. 일부 연구자들이 새로운 기술을 소개해서 성공하면 연구기금이 성공한 새로운 기술에 다시 제공되면서 독자적인 인공지능 영역이 출현하기 시작했다. 먼저 인공지능은 로봇공학과 머신러닝으로 갈라졌다. 이후 머신러닝은 사전에 전문가 지식이 필요한 영역과 필요하지 않은 영역으로 갈라졌다. 이 영역들은 연구를 주도하는 연구자나 대학에 따라 마치 세포가 분열하는 것처럼 분열해나갔다.

가장 먼저 분열된 머신러닝과 로봇공학은 둘 다 똑같이 인간을 모방하고 싶어서 만들어진 기술이라는 공통점이 있지만 궁극적인

지향점은 다르다. 머신러닝은 지능을 모방하려 하는 반면, 로봇공학은 육체를 모방하려 한다. 로봇공학은 머신이 인간보다 더 빨리 달리고 균형을 더 잘 잡을 수 있게 인간의 운동신경을 모방해서 머신의 움직임을 제어하는 것이다. 초기 인공지능은 사물에 대한 인간의 인지, 언어 및 지식 학습 능력, 기획 능력, 추론 능력 등 지적 능력과 사물을 움직이거나 조작할 수 있는 능력을 전부 포함해 인간 자체를 모방하는 것이 최종 목표였다. 하지만 최근에 인공지능의 정의가 인간의 지적 능력을 흉내 내는 것으로 구체화되면서 로봇공학은 인공지능 영역에서 별도의 학문이 되고 있다.

이후 인공지능 연구자들은 인간의 지적 능력을 흉내 내기 위해 많은 알고리즘을 만들었다. 먼저 개발된 알고리즘은 앞에서 설명한 빅데이터 분석 알고리즘 유형 열 개 중 사전에 전문가의 지식이 필요한 전문가 시스템들이었다. 하지만 인공지능이 효용성을 가지려면 인간의 도움 없이 스스로 학습할 수 있어야 한다고 주장하는 연구자들이 나타나면서 인공신경망 같은 새로운 머신러닝 알고리즘이 탄생했다. 최근에는 인간을 모방하려면 절대적으로 필요한 기획력, 추론 능력까지 갖춘 머신 알고리즘들이 개발되는 추세이다.

머신이 스스로 의사결정을 하는 자동화된 의사결정 기술의 발전에도 불구하고 한계는 있다. 알파고와 인간이 대국을 하면 인간 프로기사가 두는 수를 누군가가 알파고에게 입력해줘야 한다. 인간이 주로 시각과 청각을 활용해 필요한 데이터를 받아들여 학습하는 것처럼, 인공지능도 학습에 필요한 시각과 청각 기능을 제공하기 위해 이미지나 음성인식 알고리즘의 정확도를 인간 수준으로 높이는 방향으로 발전하는 중이다. 인간 전문가의 지식이 필요하지 않은 머신러닝 알고리즘 중 하나인 딥러닝도 초기에는 시각을 통해 받아들인 데이터를 머신이 이해할 수 있게끔 하려고 고안되었다.

딥러닝이라는 개념이 정식으로 소개된 건 1986년이다. 기존 인공 신경망이 숨겨진 층을 한꺼번에 학습시키면서 발생하는 과적합과 느린 속도 문제를 한 번에 한 층씩 학습시키면 속도를 높일 수 있다는 이론적 연구가 이뤄졌고, 이를 딥러닝이라고 부르게 됐다. 하지만 초기 딥러닝은 숨겨진 층이 많아질수록 층 하나를 학습시키는 데 많은 시간이 소요되는 문제점이 있었다. 1971년 발표된 연구에 의하면 학습에 성공한 숨겨진 층은 8개였다.

2006년 제프리 힌튼Geoffrey Hinton 교수는 새로운 딥러닝 학습 이론을 고안했다. 하나의 숨겨진 층을 자율 학습으로 동일하게 학습시킨 후 다음 층 학습 시 이전 층의 학습 결과를 기반해 지도 학습으로 전환해서 또다시 학습을 수행하면 이중 학습으로 속도가 더 느려질 것 같지만, 학습의 정확도가 급격히 올라가면서 각 층을 빠르게 학습시킬 수 있다는 것이었다. 딥러닝을 빠르게 학습시킬 수 있는 방법이 개발되고 컴퓨팅 연산속도가 빨라지면서 더 많은 비선형의 숨겨진 층을 사용할 수 있게 됐고, 출력층의 뉴런 개수 제한에서도 벗어날 수 있게 되었다.

이런 딥러닝은 1980년에 최초로 소개되었지만 인공신경망이 가진 여러 문제점들로 활용되지 않던 컨볼루션 인공신경망Convolutional Neural Network, CNN의 활용도 가능하게 만들었다. 특히 2011년 컴퓨터 CPU 외에 컴퓨터 그래픽카드의 CPU 역할을 하는 GPU를 활용하는 기법이 개발되면서 딥러닝 기반의 컨볼루션 인공신경망은 이미지 패턴 분석에 많이 활용되기 시작했다.

구글 딥마인드가 개발한 알파고도 컨볼루션 인공신경망에 강화학습Reinforcement Learning을 결합해서 만들어졌다. 강화학습이란, 머신러닝 알고리즘이 과거 데이터로 학습한 최적화된 결과가 어떤 이유 때문에 현재의 최적화된 학습 결과와 상충하는 경우, 이를 해결해줄 수 있는 이론이다. 학습을 한 머신에 신규 데이터가 들어올 경우 머신은 학습된 결과에 따라 예측하지만 실제로 예측이 잘못될 확률도 존재한다. 강화학습은 이렇게 오랜 기간 학습된 결과와 단기간 보상이 차이가 나는 이율배반적인 상황에서 균형 잡힌 결론을 내릴 수 있게 해준다. 인간이 과거 경험 때문에 어떤 행동을 했다가 결과가 안 좋을 경우 후회하고 이를 다시 학습에 반영하듯, 머신에게도 후회를 통해 오랜 기간 학습한 결과를 보정할 수 있는 기능을 부여하는 것이다.

엄밀하게 이야기하면 딥러닝은 인공신경망 알고리즘을 학습시킬 수 있는 새로운 학습 방법을 의미하지만 현재는 딥러닝 학습 방법을 탑재한 인공신경망 알고리즘을 의미하는 용어로 대체되었다. 참

돈이 보이는 빅데이터

고로 전통적인 인공신경망은 크게 피드포워드Feedforward와 리커런트Recurrent 인공신경망, 두 가지로 구분된다. 피드포워드는 숨겨진 층의 학습이 순서대로, 차례로 단방향으로 진행되는 방식이고 리커런트는 단방향 학습 후 그 결과를 다시 역으로 거슬러 올라가면서 각 숨겨진 층을 미세하게 조정하는 과정을 반복한다. 당연히 리커런트 인공신경망이 학습 정확도 측면에서는 우수하지만 학습 시간이 피드포워드 대비 엄청나게 늘어난다는 단점이 있다. 이런 단점 때문에 컴퓨터의 연산 속도가 느렸던 과거에는 피드포워드 인공신경망이 많이 활용되었다. 리커런트 인공신경망이 딥러닝과 유사하게 보일 수도 있는데, 리커런트 인공신경망은 숨겨진 층 전체를 학습한 다음 그 결과를 한꺼번에 거슬러 올라가는 것이고 딥러닝은 숨겨진 층을 한 층씩 학습한다는 차이가 있다. 따라서 딥러닝도 피드포워드 인공신경망에 먼저 적용되었다가 나중에 리커런트 인공신경망으로 확대되었다.

최근에는 딥러닝 기법이 1997년 개발된 LSTM Long Short-Term Memory 알고리즘(인공신경망 중에서도 복잡한 리커런트 인공신경망에 강화학습을 융합한 알고리즘)에도 적용되면서 기존에 딥러닝을 많이 활용하던 이미지 인식 알고리즘의 정확도를 크게 개선시키고 이미지 인식보다 복잡한 인간 음성인식 정확도도 크게 향상시키고 있다. 이미 구글은 수많은 스마트폰 사용자 음성인식에 LSTM 알고리즘을 사용해 기존 인식률 대비 약 49% 정도 정확도를 높였다고 발표했다.

그림 3-1 인공지능, 로봇공학, 머신러닝, 딥러닝의 관계도(본격적인 활용 시점 기준)

지금 당장 전문 용어들을 다 이해할 필요는 없다. 이런 역사 공부를 통해 인공지능은 계속 발전하고 있으며 딥러닝의 등장과 컴퓨터 하드웨어의 급격한 발전으로 그동안 해결하지 못했던 분석 문제들을 이제 저비용으로 해결할 수 있게 되었다는 것만 알면 된다.

인공지능과 로봇공학의 관계, 그리고 머신러닝과 딥러닝과의 관계를 그림으로 간략하게 정리해보았다. 지금 이 순간에도 그 성능을 이미 입증한 이미지나 인간의 음성인식 영역 외에 다른 비즈니스 영역에도 딥러닝을 적용하기 위해 많은 연구가들이 다양한 형태로 인공지능을 발전시키고 있다. 인공지능의 개념적인 정의에는 논쟁이 따를 수밖에 없고, 인공지능은 앞으로 계속 변할 수밖에 없다. 하지만 전부 알 필요는 없다. 인공지능의 역사를 파악하면서 인공지능이 무엇을 의미하고 어떻게 발전해나갈지 감을 잡는 것만으로 충분하다.

돈이 보이는 빅데이터

2

동상이몽의 국가별 경쟁 동향

구글 트렌드를 이용하여 인공지능, 머신러닝, 빅데이터에 대한 검색 빈도를 국가별로 비교하면 상당히 흥미로운 차이를 발견할 수 있다. 빅데이터에 대한 검색 빈도가 전 세계적으로 높아졌기 때문이다. 2017년 글로벌 트렌드를 보면 빅데이터의 의미를 제대로 이해하기 시작한 것으로 보인다. 그동안 데이터가 부족해서 제대로 학습시키지 못한 머신러닝 알고리즘의 활용이 가능해지면서 새로운 비즈니스 기회를 만들어줄 것이라는 사실을 인지해서, 2016년 이전에는 인공지능보다 검색 빈도가 낮았던 머신러닝 검색 빈도가 급격히 늘어났고, 2017년 하반기에는 빅데이터 검색 빈도를 추월하기 시작했다.

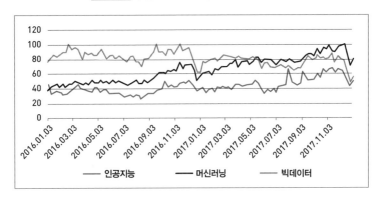

그림 3-2 구글 트렌드를 활용한 글로벌 검색 빈도

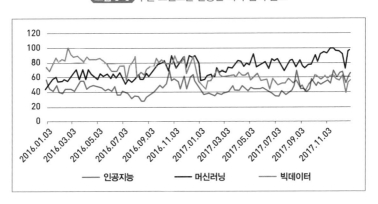

그림 3-3 구글 트렌드를 활용한 미국 검색 빈도

　빅데이터를 선도하는 기업들이 많은 미국의 검색 빈도 비중을 보면, 같은 기간의 글로벌 트렌드보다 좀 더 진화된 모습을 보인다.

　빅데이터의 의미를 제대로 이해한 기업들이 늘어나면서 빅데이터 검색 비중이 줄고 빅데이터를 통해 인간과 협조하여 생산성을 극대화해줄 수 있는 인공지능 검색 비중이 2017년 말을 기준으로

돈이 보이는 빅데이터

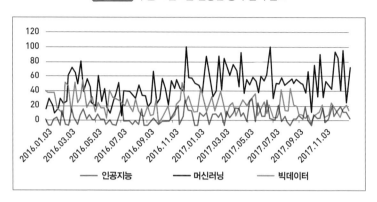

그림 3-4 구글 트렌드를 활용한 중국 검색 빈도

인공지능　　머신러닝　　빅데이터

빅데이터 검색 비중을 추월하는 형태가 보인다.

세계 최대 셰일오일 자원국은 중국이다. 현재 중국은 미국에 이어 자국 내 셰일오일 개발에 박차를 가하고 있다. 현재는 빅데이터, 머신러닝, 인공지능 분야를 미국이 선도하고 있지만 중국이 최근 이 분야에 많은 투자를 하고 있는 양상과 비슷하다. 동일한 키워드에 대한 중국의 트렌드 추세를 미국과 비교해보도록 하겠다.

중국은 글로벌이나 미국과는 또 다른 트렌드 추세를 보인다. 미국의 검색 빈도는 차이가 적은 반면 중국은 빈도 차가 심하다. 이런 양상에도 머신러닝에 대한 관심이 최근 들어 급격하게 늘고 있다. 2016년을 보면, 빅데이터 검색 빈도는 글로벌 검색 빈도 대비 굉장히 낮은 수준이었지만 머신러닝 검색 빈도는 글로벌 수준이다. 하지만 2017년에는 머신러닝 검색 빈도가 늘어나는 반면 빅데이터에 대한 관심은 미국이나 글로벌과 비교하여 현저하게 줄어드는 커다란 변화가 나타났다.

구글 어스 같은 인공지능 기반의 새로운 비즈니스를 만들면 기업 내에 빅데이터가 급작스럽게 늘어난다. 빅데이터에 대한 관심이 떨어지면서 인공지능에 대한 검색 빈도 비중도 글로벌 대비 매우 낮아진 것으로 미루어 짐작해보면 아직 새로운 비즈니스를 창출할 만큼 인공지능 기술이 발전하지는 못한 것 같다. 중국이 알파고와 동일한 딥러닝 알고리즘을 사용하여 상용화한 바둑 인공지능은 2017년 5월 알파고가 은퇴를 선언한 이후 바둑 인공지능 중 최강자로 인정받고 있다. 하지만 아직 세계 바둑 랭킹 1위를 차지한 알파고 수준까지는 도달하지 못했다는 것이 전문가들의 의견이다. 중국의 인공지능 기술을 가늠해볼 수 있는 좋은 예이다.

국내에도 머신러닝과 인공지능은 오래전부터 알려졌으나 소개될 당시 학습에 필요한 빅데이터 부족으로 정확한 인식률을 제공하지 못하면서 아무도 관심을 갖지 않게 되었다. 그 결과 현재 국내에 머신러닝, 인공지능 관련 기술을 보유한 인력은 매우 부족한 상황이다. 이런 사정은 〈그림 3-5〉에 그대로 투영되어 있다. 중국과 비슷하게 머신러닝에 대한 검색 빈도의 폭이 크고 비중도 낮다.

현재 셰일오일로 가장 큰 이득을 보고 있는 국가는 미국이다. 곧 참여할 예정인 중국 외에 영국, 캐나다 등과 같은 국가들도 많은 관심을 갖고 새로운 공법 개발에 엄청난 투자를 할 예정이다. 하지만 전문가들은 현재 미국이 가진 셰일오일 패권이 당분간 이어질 것으

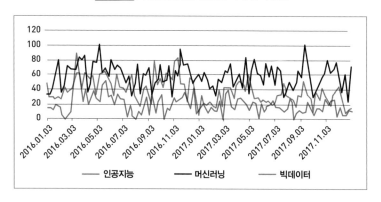

그림 3-5 구글 트렌드를 활용한 국내 검색 빈도

인공지능   머신러닝   빅데이터

로 예상한다. 그 근거로 셰일오일의 복잡한 추출 및 정제 공법으로 인한 진입장벽이 꼽힌다. 미국보다 더 저렴한 비용을 보장할 수 있는 추출 및 정제 공법을 개발하려면 일정 기간이 소요될 것이기 때문이다.

빅데이터도 셰일오일과 유사한 글로벌 경쟁 동향을 보인다. 미국은 빅데이터를 스스로 만들어 새로운 비즈니스를 만들어내고 있다. 중국은 거대한 인구 때문에 엄청난 빅데이터가 생기면서 최근에 빅데이터 활용을 위한 머신러닝에 관심을 갖기 시작했다. 유럽 국가들도 빅데이터에 많은 투자를 하고 있다. 몇 가지 영역에서는 미국 기업보다 앞선 기업들도 있다. 하지만 한국은 미국이나 중국에 비해 빅데이터에 대한 스트레스가 덜하기 때문에 빅데이터나 머신러닝에 대한 관심이 확대되는 데 시간이 걸리고 있다.

빅데이터 활용에 대한 접근 방법과 처해 있는 상황은 국가별로 다르지만 빅데이터는 셰일오일과 유사하게 빅데이터 수집과 학습을 위한 일정 시간이 필요하다. 이런 이유로 빅데이터, 머신러닝, 인공지능에 대한 미국의 패권은 당분간 지속될 것이며, 세계 각국은 미국보다 뛰어난 머신러닝 알고리즘을 개발하기 위해 노력할 것이다. 그럼 이제 세계 각국이 펼치고 있는 머신러닝과 인공지능 개발 경쟁을 살펴보면서 인공지능에 대해 좀 더 알아보도록 하자.

3

전 세계가 바둑 인공지능을 개발하는 이유

구글의 알파고가 인간 바둑 기사에게 승리를 거둔 후 미국과 중국을 중심으로 바둑 인공지능 알고리즘 개발 경쟁이 벌어지고 있다. 바둑은 인공지능 연구자들이 수십 년간 인간을 이길 수 있는 알고리즘을 만들기 위해 노력한 영역이다. 바둑은 장기나 체스 같은 다른 보드게임과 달리 직관, 창의력, 전략적 사고 등을 필요로 하기 때문에 인공지능 알고리즘 연구자들에게 굉장히 도전적인 일이었다. 1965년 수학자 어빙 굿Irving Good은 바둑에서 인간을 이기는 알고리즘을 만드는 것은 인간이 만드는 전략을 흉내 내야 하기 때문에 어려운 일이라고 토로했다. 실제로 2015년 이전까지 개발된 바둑 프로그램들은 아마추어 수준이었다. 심지어 바둑에서 세계 최고 수준의 인간을 이길 수 있는 알고리즘을 만드는 것은 불가능하다고 주장하는 인공지능 연구가들도 있었다.

바둑 인공지능 알고리즘의 역사를 살펴보면 그 이유를 알 수 있다. 최초의 바둑 프로그램(딥러닝을 사용한 인공지능 알고리즘과 차별화하기 위해 '프로그램'이란 표현을 쓰도록 하겠다)은 1968년에 만들어진 뒤 1981년 애플 매킨토시용으로 출시되었다. 1994년 만들어진 바둑 프로그램은 세계바둑챔피언십에서 15점의 핸디캡을 받았음에도 불구하고 바둑 프로그램의 약점을 파악한 어린이 기사에게 패했다.

바둑 프로그램이 인간 기사를 상대로 승리를 거두기 시작한 것은 2005년 10월부터다. 당시 구글의 알파고는 유럽 챔피언 판후이Fan Hui를 상대로 토너먼트에서 5전 전승을 거뒀다. 알파고가 핸디캡을 받지 않고 인간 프로 기사를 이긴 것은 2016년 이세돌 9단이 처음이었다. 당시 2년간 세계 랭킹 1위였던 중국의 커제Ke Jie 9단은 이세돌 9단과 알파고 1.0의 대국 결과를 보고 자신의 승리를 장담했다. 하지만 1년이 지난 2017년 5월 알파고 2.0은 커제 9단과의 3대국에서 전승을 거뒀다. 커제 9단은 SNS에 다음과 같이 밝혔다.

인공지능이 어디까지 강할 수 있는지 알고 싶어 연구를 했다. 어제도 잠을 이루지 못하고 연구했다. 인류가 수천 년의 연구와 실전을 통해 진화시킨 바둑을, 인공지능은 아주 단시간에 모든 정보를 수집하고 분석해 이기는 법을 터득해버렸다.

커제는 이제 인간이 머신에게 바둑을 배워야 하는 시대가 왔다고 말했다. 딥러닝 기반의 인공지능 알고리즘이 최초로 바둑에서 인간을 이긴 후 프로 기사를 이길 수 있는 알고리즘이 개발되기까지 약 11년이 소요됐다. 세계 랭킹 1위까지는 12년이 소요됐다. 최초의 바둑 프로그램이 세상에 나온 후 약 50년 정도가 소요된 것이다.

2017년 10월 구글 딥마인드는 바둑 인공지능 알고리즘 학습에 필요한 데이터를 스스로 만들어내는 데 성공했다. 스스로 만든 데이터로 학습한 새로운 알파고는 커제를 이긴 알파고를 100대국 중 89대국에서 이겼다. 알파고에 탑재된 인공지능 알고리즘의 기초적인 원리가 소개된 후 세계 각국이 개발하고 있던 인공지능 바둑 알고리즘의 실력이 향상되었다. 다음은 세계 각국에서 딥러닝 알고리즘을 기반으로 개발하고 있는 바둑 인공지능 알고리즘들이다.

미국

알파고AlphaGo

2016년에 처음 등장한 이후 프로 기사를 맞바둑으로 이긴 세계 최초의 바둑 인공지능 알고리즘이다. 2017년 바둑 인공지능 알고리즘으로는 최초로 세계 랭킹 1위에 오른 후 2017년 5월 바둑계에서 은퇴를 선언했다.

다크포레스트 Darkforest

페이스북에서 알파고보다 먼저 개발한 세계 최초 바둑 인공지능 알고리즘으로 아직 프로 기사를 이긴 적은 없다. 2016년 이후 바둑 사이트에 등장하지 않는 걸로 보아 페이스북이 더 이상 개발하지 않는 것으로 추정된다.

중국 및 대만

딥젠고 DeepZenGo

알파고는 상용으로 판매하지 않기 때문에 딥젠고는 상용 바둑 인공지능 알고리즘 중 가장 평이 좋은 편이다. 2009년부터 젠고라는 이름으로 개발됐으나 딥러닝 기반의 인공지능 알고리즘을 채택한 것은 2016년이다. 그해 7월 한국의 조혜연 9단과 속기 대국을 펼쳤으나 패배를 선언했다.

파인아트 FineArt

중국 텐센트 Tencent 그룹이 개발한 바둑 인공지능으로 프로 기사들 사이에서도 상당한 승률을 보이고 있으나 세부적인 내용은 잘 알려지지 않았다. 2016년에는 컴퓨터 프로그램들과 대국하는 '게임 인공지능 토너먼트 UEC' 대회 결승까지 올라 딥젠고를 이겼다.

CGI 고 인텔리전스CGI Go Intelligence

2017년 대만 국립교통대학 대학생과 대학원생, 교수들이 만든 바둑 인공지능 알고리즘으로 각종 인공지능 바둑 대회에서 우승했다. 바둑 사이트에서 프로 기사들을 상대로 승률이 99% 정도라고 발표했는데 같은 해 8월 인공지능 바둑 대회에서 딥젠고에 패했다.

유럽

릴라Leela

유럽의 유명한 체스 프로그램 개발자인 지안 카를로 파스쿠토Gian-Carlo Pascutto가 만든 몬테 카를로Monte Carlo 엔진을 도입한 무료 바둑 프로그램으로, 딥러닝 사용 이후 기력이 급상승했다는 평을 받고 있다.

구글 딥마인드가 알파고의 은퇴를 선언하면서 소스 알고리즘을 공개하지 않았기 때문에 당장 알파고 정도의 바둑 인공지능 알고리즘을 만들 수 있는 기업은 없다. 그러나 경쟁이 심화되고 있기 때문에 곧 나올 수 있을 거라고 예상한다.

인공지능이 체스, 퀴즈쇼, 장기, 바둑의 세계를 차례로 점령하고 있다. 그렇다고 매스컴이 말하는 것처럼 단시간 내에 실제 비즈니스에서 머신이 인간을 대체하지는 않을 것이다. 그 이유는 바로 인공지능 핵심 중 하나인 머신러닝 알고리즘 학습에 필요한 데이터에 있다. 체스, 퀴즈쇼, 장기, 바둑, 강아지나 고양이 인식 등 현재까지 소개된 모든 인공지능의 성공 사례를 보면, 인공지능 학습에 필요한 방대한 양의 데이터들은 인터넷에서 찾을 수 있거나 무료로 공개된 것들이었다. 하지만 실제 비즈니스에서 생성된 빅데이터들은 각 기업 내에 있는 데이터웨어하우스라는 금고에 보관되어 세상에 공개되지 않고 있다. 또한 실제 비즈니스에서 성공한 인공지능 혹은 머신러닝 알고리즘에 대한 기사는 아직까지 찾아볼 수 없다.

세계 각국이 바둑 인공지능 알고리즘 개발 경쟁에 뛰어드는 이유는 실제 업무에 적용할 수 있는 역량을 갖춘 인공지능 알고리즘의 뼈대를 만들 수 있기 때문이다. 불가능하다고 생각할지도 모르겠지만 바둑 인공지능 알고리즘이 50년 역사 속에서 인간 프로 기사를 이긴 급진적 발전을 이룬 것은 불과 1~2년 전이다. 실제 비즈니스에 인공지능이 적용된 성공 사례가 등장하려면 비슷한 상황을 겪을 것이다.

세계 각국이 딥러닝을 활용해서 바둑 인공지능 알고리즘을 만들고는 있지만 실력은 천차만별이다. 구글 딥마인드가 알파고의 소스 알고리즘을 공개하지 않는 이유는 인간을 잘 흉내 내는 알파고 같은 인공지능을 만들어내는 것이 쉽지 않기 때문이다. 빠르고 정확한 인공지능 알고리즘을 만들기 위해 알파고가 서로 다른 알파고를

돈이 보이는 빅데이터

상대로 많은 기보를 만들어내듯, 비즈니스에 사용할 알고리즘도 학습에 필요한 비즈니스 빅데이터를 만들 줄 알아야 한다. 조만간 인공지능은 인간처럼 스스로 데이터를 인지해서 업무를 처리하고, 실패를 통해 다시 학습할 수 있는 수준으로 발전할 것이다. 인공지능을 실제 비즈니스에 적용할 수 있게 하는 기본 뼈대인 딥러닝 알고리즘은 이미 공개되어 있다. 그래도 이를 인간과 유사한 수준으로 만들려면 추가적인 노력이 뒤따라야만 한다.

4

글로벌 선두 기업의 다양한 비전

인간이 오감을 통해 주변 환경을 이해하면서 지적 능력을 개발하는 방식을 모방하려는 것이 인공지능의 한 분야다. 인간은 기업에 입사하기 전 상당 기간의 학교생활을 하면서 업무 처리를 위한 지적 능력을 개발한다. 인간은 다섯 가지 감각기관을 통해 정보를 얻는데, 학습에 가장 많이 사용되는 감각은 시각과 청각이다. 현재 인공지능도 인간의 시각과 청각을 모방하는 기술이 먼저 발전하고 있다.

머신이 인간처럼 이미지를 인식할 수 있게 하는 인공지능 이미지 인식 기술은 인간 시각에 해당한다. 현재 이미지 처리된 텍스트는 상당히 정확하게 인식하는 수준이지만 보고서로 많이 활용하는 파워포인트 문서처럼 텍스트와 도형 그리고 그림 등이 있는 복잡한

돈이 보이는 빅데이터

문서의 텍스트 인식 정확도는 낮은 편이다. 기술적으로는 도형이나 그림에 있는 텍스트까지 인식할 수 있지만 인식된 텍스트를 도형이나 그림과 연계해서 의미를 이해하는 수준까지는 발전하지 못했다.

많은 연구자들은 이 부분을 해결하기 위해 컴퓨터 비전Computer Vision이라는 연구 영역에서 노력하고 있다. 딥러닝을 이용한 이미지 인식 알고리즘을 개발하려는 개인 연구가나 기업들을 위해, 2009년 미국 프린스턴대학교 컴퓨터학과 교수들이 주축이 되어 학습용으로 활용할 수 있는 이미지 데이터 베이스인 이미지넷ImageNet을 공개했다. 이미지넷에는 2016년 기준 약 천만 개 이미지에 사람이 직접 보고 입력한 설명을 단 URL 주소가 있다. 예를 들면 호랑이로 구분된 사진에 '이 사진에는 호랑이가 있습니다', '이 사진에는 호랑이가 없습니다' 등 일일이 설명을 달아놓고, 이미지 경계를 명확하게 표시하기 위해 이미지에 테두리가 둘러져 있다.

이미지넷은 2010년부터 매년 대회를 열어 이미지 인식 관련 알고리즘의 정확성 개선을 위해 노력하고 있다. 2011년에 참가한 이미지 인식 알고리즘 중 가장 높은 오인식률은 25%였지만 2012년에는 딥러닝이 활용되어 16%로 줄었다. 2015년에는 약 천 여개 이미지 항목에 대해서는 머신이 사람의 인식률을 뛰어넘었다. 하지만 이미지 인식 알고리즘이 인간의 인식률을 넘어선 사물은 천여 개밖에 없다는 뜻이기도 하다. 세상에는 엄청나게 많은 사물이 존재한다. 머신은 이미지넷에 있는 이미지처럼 무수한 사물에 대해 사전

처리한 데이터가 존재해야만 세상 모든 사물을 인식할 수 있다.

사람은 이미지를 인식한 후 이를 분석해서 다양한 표현을 할 수 있지만, 머신은 이미지가 호랑이인지 아닌지 정도를 구분하는 수준이다. 특히 이미지넷의 이미지는 이미지 인식 알고리즘의 학습을 위해 동일한 픽셀 구조로 이루어진 고화질 사진이지만 인간의 시각은 이미지 화질에 거의 제약을 받지 않는다. 즉, 인공지능 알고리즘의 이미지 인식 능력이 진정한 의미에서 인간을 대체한다는 건 아직은 다소 무리가 있다. 하지만 글로벌 자동차 회사들이 자율주행 자동차에 대해 대규모 투자를 하고 있다. 이런 투자 덕에 이미지 데이터를 확보하는 데 필수적인 시각 센서Vision Sensor 기술이 급진적으로 발전해 좀 더 정확한 이미지 수집이 가능해지고 있으며, 고화질 이미지를 고속으로 처리하는 이미지 처리 알고리즘도 발전 속도가 빨라지고 있다.

이미지 인식 알고리즘을 이해하려면 시각 센서가 무엇인지 정확히 이해해야 한다. 시각 센서는 카메라 렌즈를 활용하는 타입과 적외선과 레이저를 조사한 후 돌아오는 적외선과 레이저를 인식하는 센서 타입, 두 가지가 있다.

카메라 렌즈로 찍은 사진 속 이미지를 인식하는 기술은 현재 스마트폰 앱으로도 출시되었다. 건물 같은 3차원 이미지까지 높은 해상도로 인식할 수 있는 레이저 스캐닝 혹은 3D 스캐닝이라고 불리는 라이다Lidar가 대표적인 센서 타입이다. 라디오 전파를 활용해

돈이 보이는 빅데이터

적군 항공기를 식별하는 군사용 레이더Radar가 'Radio Detection And Ranging'의 약자인 것처럼 라이다는 레이저 빛을 이용한다고 해서 'Light Detection and Ranging'의 약자이다. 주변 물체를 인식하는 센서인 라이다는 자율주행자동차 개발에 매우 중요하다. 인간은 운전을 할 때 눈을 통해 장애물, 도로의 경계 등을 인식한다. 라이다 덕분에 자율주행자동차도 주변 장애물, 도로가 굽은 정도, 오르막길과 내리막길의 구분, 도로의 경계 등을 인식하는 게 가능해지고 있다. 〈그림 3-6〉은 라이다가 어느 정도 해상도로 도로나 주변 사물들을 인지하는지 보여준다.

자동차 회사들은 시각 센서에 매우 익숙하다. 운전자가 엑셀레이터나 브레이크를 밟지 않아도 앞차와 일정 거리를 유지하면서 운전해주는 적응형 순항 제어장치Adaptive Cruise Control에 이미 초보 수준의 라이다가 활용되고 있기 때문이다.

현재 많은 주목을 받고 있는 음성인식 인공지능 알고리즘은 인간 청각에 해당한다. 음성인식은 크게 스피치 인식Speech Recognition과 보이스 인식Voice Recognition으로 구분된다. 보이스 인식은 화자 인식Speaker Recognition으로도 알려져 있다. 목소리를 듣고 사람을 구분하는 기술로, 보안과 관련하여 많이 사용되고 있다. 스피치 인식은 인간의 말을 인식해서 문자로 변환해주는 기술이다.

최근 국내 기업들도 많이 출시하는 인공지능 스피커가 스피치 인식의 대표적 사례이다. 인공지능 스피커를 사용해봤다면 TV를 시

그림 3-6 라이다 인식 이미지

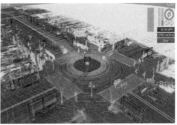

청하거나 다른 사람과 대화하는 도중에 인공지능 스피커가 반응하는 경험을 해봤을 것이다. 스피치 인식이 말하는 사람을 식별하는 게 아니라, 사람의 말을 인식하기 때문에 발생하는 문제다. 만약 인공지능 스피커에 보이스 인식 알고리즘이 탑재된다면 사용자 목소리를 등록할 수 있고, 스피커는 등록된 목소리에만 반응할 것이다.

인식해야 하는 단어 수가 늘어날수록 스피치 인식 알고리즘 인식률은 떨어진다. 한 연구에 따르면 200개 단어의 오인식률은 3%로 매우 정확하다. 단어 수가 5천 개로 늘어나면 오인식률은 7% 정도로 약간 높아지지만 단어가 만 개로 늘어나면 45%로 급격히 증가한다. 단어 수가 많아지면 알고리즘 학습과 연결이 복잡해지기 때문이다. 하지만 최근 딥러닝 알고리즘을 통해 이를 한꺼번에 학습시킬 수 있게 되면서 학습 시간과 정확도가 향상되었다.

제4차 산업혁명을 선도하는 글로벌 기업들은 머신의 시각과 청각에 해당하는 이미지와 음성인식 인공지능 알고리즘을 확보하기 위해 관련 기업들을 인수했다. 사람의 표정이나 예술 창작, 키보드 입력 습관 등 보다 정교하게 인간을 흉내 낼 수 있는 알고리즘을 개발하는 업체들도 다수 포함되어 있다. 인재들도 영입하기 시작했다. 구글은 딥러닝 개념을 처음 발표해서 딥러닝의 세계 3대 석학이라고 불리는 제프리 힌튼 교수, 페이스북은 얀 르쿤Yann LeCun 교수, 중국 바이두는 앤드류 응Andrew Ng 교수를 각각 영입했다.

이미지나 음성인식 인공지능 알고리즘이 개발되어도 이미지나 음성분석을 통해 인식된 문자의 의미를 머신이 이해하게 해주는 텍스트 분석 알고리즘이 추가로 필요하다. 외국어 공부와 비슷하다. 외국어 공부를 할 때 알파벳과 단어를 외우고 문법을 공부하면 독해가 가능하듯 머신도 단어와 문법에 해당하는 언어 모델이 필요하다. 머신이 문맥을 이해하기 위해서는 언어 모델에 포함된 단어가 많아야 한다.

하지만 앞서 말했듯 단어 수가 증가하면 오인식률이 급증하는 단점이 있다. 딥러닝 기반 알고리즘으로 이런 점이 개선되면서 현재 많은 단어를 포함한 언어 모델을 가진 텍스트 분석 알고리즘들이 개발되고 있다. 학습해야 할 단어 수가 많아지면서 학습 시간은 늘어나지만 한번 학습을 하면 학습된 것에 대해서는 인간보다 더 정확하고 빠르게 수행할 수 있다. 그렇기 때문에 학습을 얼마나 잘 시키느냐가 기업의 경쟁력이 되고 있다. 이미 공개된 표준적인 딥러닝을 경쟁사보다 뛰어난 성능을 발휘하도록 만들기 위해서는 이를 개발

표 3-1 글로벌 기업들의 이미지 및 음성인식 인공지능 알고리즘 M&A 동향

기업	현황
구글	• 제프리 힌튼 교수 영입 • 4억 달러에 영국 스타트업 딥마인드 인수 후 알파고 개발 • 예술 창작을 위한 인공지능 기반 마젠타 프로젝트 착수
페이스북	• 얀 르쿤 교수 영입, 내부에 인공지능 연구소 신설 • 얼굴 인지 기술 개발 스타트업 기업 인수 후 '딥페이스' 공개 • 음성인식 기술을 가진 윗에이아이wit.ai 인수 • 채팅봇 챗봇 개발, 바둑 인공지능 프로그램 다크포레스트 개발
마이크로 소프트	• 이미지 인식 연구를 위한 프로젝트 아담 진행, 견종 및 과일 종류 구분 • 음성인식을 기반으로 개인 일정, 동선 등을 묻고 답할 수 있는 개인 비서 '코타나' 개발 • 딥러닝 기반 키보드 입력앱 업체 스위프트키Swiftkey, 텍스트 분석 업체 이스라엘 이퀴비오Equivio 인수
애플	• 기본 앱과 연동해 사용자 행동을 예측하고 전달하는 기능을 IOS9에 공개 • 딥러닝 기반 이미지 인식 기업 퍼셉티오Perceptio, 음성인식 기업 보컬IQVocalIQ, 얼굴 표정 인식 기술 개발 기업 이모션트Emotient 등 스타트업 기업 인수
아마존	• 음성인식 기술 개발툴인 알렉사 스킬스 셋을 오픈소스로 공개 • 개발자들이 이를 활용해 다양한 스킬셋을 개발할 수 있도록 알렉사 펀드에 약 1억 달러 투자
바이두	• 미국 실리콘밸리에 딥러닝 연구소 설립 • 구글 인공지능 연구를 이끌었던 앤드류 응 교수 영입 • 5년간 3억 달러 투자 계획 발표

할 수 있는 딥러닝 전문가가 반드시 필요할 것이다.

글로벌 선두 기업처럼 세계 최고 수준의 석학이 필요한 게 아니다. 알고리즘은 결국 오픈소스 소프트웨어로 공개될 것이기 때문이다. 하지만 기업마다 사용하는 전문용어가 다르기 때문에 알고리즘

을 학습시킬 수 있는 역량은 보유하고 있어야 한다. 이런 역량은 어느 한순간에 얻어지는 것이 아니기 때문에 지금부터라도 지속적으로 시도하면서 경험과 지식을 축적하는 것이 중요하다.

PART
4

빅데이터로
돈 버는 기업

1

비즈니스에는 없는 빅데이터

제4차 산업혁명 시대를 맞아 전 세계적으로 빅데이터에 대한 관심이 재조명되고 있다. 그러나 실제 업무에 빅데이터를 적용해서 성과를 낸 기업들은 구글, 아마존 등 일부 글로벌 ICT Information & Communication Technology 선두 기업을 제외하면 거의 없다. 해외 학계에서는 이런 현상의 속내를 파악하고자 많은 연구가 진행되고 있다.

2016년 12월 〈하버드 비즈니스 리뷰〉에 "왜 당신 기업은 빅데이터 분석을 통해 가치를 실현하지 못하는가?"라는 기고문이 올라왔다.

칼리안 비어라마차네니Kalyan Veeramachaneni라는 MIT 연구원은 미국 기업들이 빅데이터를 통해 얻은 성과를 조사하고자 비교적 큰 빅데이터 분석 조직이 있는 기업에 근무하는 빅데이터 분석가

150명을 한자리에 불렀다. 이들이 들려주는 빅데이터 성공 사례를 분석함으로써 빅데이터가 어떤 비즈니스 영역에서 가장 잘 활용되고 있는지, 어떻게 빅데이터를 활용하는 게 좋은지 찾는 것이 목적이었다. 카일란이 빅데이터 분석가들에게 한 질문은 다음과 같다.

- 1년에 평균적으로 몇 개의 분석 모델을 만드는가?
- 그중 기업 업무에 적용한 사례가 몇 건이 있는가?

첫 번째 질문에 빅데이터 분석가들은 1년에 알고리즘 기반 분석 모델을 약 50개 정도 개발한다고 대답했다. 카일란은 이 대답을 듣고 상당한 기대를 했지만 두 번째 질문에 대한 대답을 듣고 충격을 받았다고 한다. 분석가들이 개발한 분석 모델 중 실제 비즈니스에 적용된 모델은 전무했기 때문이다. 뜻하지 않은 답변을 들은 카일란은 본래 연구 목적과는 달리 기업 내 빅데이터 분석 전문가들이 개발한 분석 모델이 왜 실제 업무에 적용되지 못하는지 연구해보기로 했다. 그는 빅데이터 분석가들과 심층 인터뷰를 통해 원인을 찾았다. 그 이유는 바로 기업 내 빅데이터 분석가들이 앞에서 설명한 3단계 분석 프로세스 중 두 번째 단계만 수행하고 있기 때문이었다.

첫 단추를 제대로 끼워야 나중에 문제가 없는 것처럼, 분석도 첫 단계를 제대로 수행해야 좋은 결과를 얻을 수 있다. 하지만 기업 내 분석가들은 분석의 첫 단추인 다양한 가설 수립과 가설 입증에 필요한 빅데이터 수집은 하지 않은 채 단순히 데이터를 입력해 알고리즘을 학습시키는 두 번째 분석 단계에만 집중하고 있었다. 첫 번째 분석 단계는 분석의 성패를 결정지을 만큼 중요하다. 왜 중요한지는 분석가들 사이에 격언처럼 받아들여지는 '쓰레기를 넣으면 쓰레기가 나온다 Garbage In, Garbage Out'를 생각하면 알 수 있다. 부실한 데이터로 분석하면 결국 부실한 결과물이 나온다는 것이다.

데이터 분석가들은 업무 담당자들이 요청하는 기한 내에 원하는 결과를 주려면 항상 시간에 쫓기기 때문에 시간이 많이 걸리는 가설 수립이나 학습에 필요한 데이터를 찾는 첫 번째 단계를 생략할 수밖에 없다고 했다. 하지만 카일란은 분석가들이 분석에 활용할 만큼 기업 내 데이터가 정제돼 있지 않다고 불평하는 사실을 발견하고 또 다른 이유를 찾아냈다. 데이터 분석가들이 말하는 데이터의 정제는 데이터가 비어 있거나 이상한 데이터로 채워진 데이터베이스 관리 목적의 정제가 아니라 분석에 필요한 데이터가 기업 내에 없다는 의미였다. 한 기업에서 오랜 기간 분석 업무를 담당해 기업 내에 있는 데이터들에 대한 이해도가 높다고 생각하는 분석가들일수록 이런 생각이 강하다고 한다. 하지만 카일란은 분석가들이 기업 내에 있는 데이터들을 제대로 찾아보지 않는 것이라고 설명했다.

기업들 대부분은 고객과 커뮤니케이션하기 위한 채널로 웹사이트나 모바일 앱을 운영한다. 이런 채널이 제대로 작동하고 있는지 모니터링하기 위해 어떤 고객이 어떤 웹페이지에 언제 방문했는지 등을 '로그데이터'라는 형태로 저장하고 있다. 하지만 기업 내 분석 가들은 로그데이터를 활용해서 고객이 원하는 것이 무엇인지 분석 하는 과제를 수행해봤지만 큰 성과를 얻을 수 없었다. 이유를 조사 해보니 기업 내 빅데이터 분석가들이 기업의 웹사이트나 앱을 방 문하는 고객이 해당 페이지를 클릭해서 만들어지는 아주 원천적인 로그데이터를 고객별로 분석해 패턴을 찾아내려고 한 것이 아니라, 방문 사이트별로 고객 수 등 통계 처리된 상위 데이터들을 주로 사 용한다는 문제점을 발견했다. 원천 데이터가 아니라 통계 처리된 상위 데이터를 분석에 사용하는 것은 의사가 MRI나 CT 등 아주 고 해상도로 촬영한 사진이 아니라 엑스레이x-ray처럼 저해상도 사진 으로 암 발생 여부를 판단하는 것과 다르지 않기 때문에 분석 결과 가 실제 업무에서 제대로 성과를 내지 못한다는 것이다.

또 다른 예를 들어보자. 자율주행 머신러닝 알고리즘이 '정지' 표 지판 학습을 위해 단순히 정지 표지판 이미지에서 '정'과 '지', 두 글 자만 찾으려 한다고 해보자. 이미지 인식 알고리즘이 상용화하기에 충분한 성능을 갖고 있어도 안개가 끼거나 표지판이 나무에 가려져 글씨가 안 보이는 상황이 발생하면 인식률은 큰 폭으로 떨어져 사 고로 이어질 것이다. 따라서 단순히 문자뿐만 아니라 팔각형 모양, 붉은 색상, 표시 문자, 크기, 움직임 등과 같이 정지 표지판과 관련 된 모든 이미지의 특징을 아주 세부적으로 구분할 수 있는 데이터 들을 추가해야 한다. 기존에 알고 있던 데이터가 아니라 학습에 도움을 줄 새로운 데이터들이 포함될 경우 현재 이미지 인식 알고리즘으로도 충분히 높은 인식률을 확보할 수 있다. 이런 기술은 이미 반 자율주행 장치라는 이름으로 자동차에 탑재되어 있다.

이런 예를 통해 카일란은 기업 내 분석가들이 첫 번째 분석 단계를 통해 추가로 학습에 도움이 되는 데이터를 찾지 않고 표지판 문자처럼 기업 내에 확실하게 존재하는 데이터만이 유일한 데이터라고 생각해서 두 번째 분석 단계로 넘어간다는 결론을 내렸다. 새로운 머신러닝 알고리즘을 도입해서 문제를 해결하지만 쓸모없는 정보가 들어가기 때문에 쓰레기가 나오게 된 것이다. 실제로 기업에서 현재 많이 활용하는 회귀분석 알고리즘을 최신 딥러닝 알고리즘으로 대체해서 새로운 데이터의 추가 발견 없이 기존 데이터만으로 성과를 낸 사례를 아직까지 발견하지 못했다. 딥러닝 알고리즘의 기반 기술이 되는 인공신경망 알고리즘은 제대로 학습시키지 않으면 학습 과정에서 수많은 오답을 낼 가능성이 높다.

알고리즘이 기상 상태 혹은 낮과 밤의 조도 차이 등 외부 환경 변화에 관계없이 항상 정지 표지판을 찾아낼 정도로 정밀하게 학습하려면 이 모든 상황을 다 설명해줄 특징변수가 필요하다. 정지라는 문자 판독이 어려운 상황이 발생했을 때, 어떤 특징이 정지 표지판이라는 것을 알려줄 수 있는지 다 찾아내야 한다는 것이다. 이미지 데이터로부터 어떤 데이터를 추출해 분석에 활용할 것인지 결정하는 첫 번째 분석 단계를 생략하면 안 되는 이유다.

돈이 보이는 빅데이터

2

비즈니스 잡는 알파고

바둑 인공지능 알고리즘인 알파고는 세계 최상위 수준의 프로 기사 이세돌 9단과 5번기 공개 대국에서 4승 1패로 승리하면서 알려지기 시작했다. 하지만 앞서 말했듯 페이스북은 구글보다 먼저 바둑 인공지능 알고리즘을 개발했다. 초기에는 구글보다 먼저 관련 논문을 발표하는 등 개발에 굉장히 적극적이었다. 알파고가 2016년 3월 이세돌 9단과 대국을 가진 후 페이스북도 개발 중이던 바둑 인공지능 알고리즘 다크포레스트를 3월 23일 일본 도쿄 전기통신대학에서 열린 제4기 전성전에 출전시켰다. 다크포레스트는 일본 프로 기사 고바야시 고이치小林光一 9단에게 석점 접바둑으로 도전해 231수 만에 졌다. 왜 먼저 시작한 페이스북의 다크포레스트는 구글의 알

표 4-1 다크포레스트와 알파고 비교

구분	다크포레스트(페이스북)	알파고(구글)
착수 예측	• 인공신경망 구축 　– 종류 : 컨볼루션 신경망 　– 신경망 층 : 12개 • 데이터 　– 총 바둑 게임 : 25만 개 　– 학습 : 22만 개 　– 시험 : 3만 개 　– 정확도* : 57.1%	• 인공신경망 구축 　– 종류 : 컨볼루션 신경망(지도 학습, 강화 학습) 　– 신경망 층 : 13개 • 데이터 　– 총 바둑 게임 : 16만~3천만 개 　– 학습과 시험에는 바둑게임 상태가 사용됨 　– 학습 : 2천 900만 개 　– 시험 : 100만 개 　– 정확도 : 57.0%(지도 학습)
탐색 알고리즘	몬테카를로 트리탐색MCTS과 인공신경망의 동기화/비동기화 전략으로 구현	MCTS의 정책과 가치 구현에 인공신경망 적용
성능	아마추어 1~2단	프로 2~5단
계산 환경**	그래픽 처리 장치GPU: 44개(CPU 소수)	CPU: 1,920개, GPU : 280개
기존 연구와 차별성	MCTS와 인공신경망의 동기화	강화 학습, MCTS와 인공신경망의 결합

• 테스트 결과가 실제 결과와 얼마나 다른지 나타내는 지표(바둑 프로 기사가 착수하는 패턴 학습 정도 등)지만 이 정확도가 높다고 반드시 승률이 높은 것은 아니다.

•• 인공지능 바둑 프로그램을 구현할 때 사용된 최대 계산 자원을 기준으로 함.

파고보다 바둑 실력이 부족한 걸까?

〈표 4-1〉에서처럼 두 알고리즘은 모두 딥러닝을 사용했다. 딥러닝의 인공신경망 개수가 12개와 13개로 한 층 차이가 있지만 실력차가 엄청 날 정도는 아니다. 〈표 4-1〉에서 주의 깊게 봐야 하는 부

분은 학습을 위해 사용된 데이터 양이다. 페이스북과 구글 모두 실제 확보할 수 있는 데이터는 전 세계에 저장된 바둑 기보 수만큼만 가능하다. 그럼에도 불구하고 알파고에 사용된 데이터 양은 다크포레스트보다 절대적으로 많다.

구글은 어떻게 페이스북보다 더 많은 기보를 구할 수 있었을까? 구글은 데이터를 수집한 것이 아니라 알파고를 여러 대 만들어 이들끼리 대국시키며 기존에 없던 기보를 스스로 만들어내게 했다. 결국 빅데이터가 페이스북과 구글의 바둑 인공지능 알고리즘에 가장 많은 영향을 준 것이다.

알파고를 개발한 데미스 하사비스Demis Hassabis 구글 딥마인드 최고경영자는 알파고의 바둑계 은퇴를 선언하면서 "새로운 치료법, 에너지 소비 절감 방법 그리고 혁신 소재 개발 등 과학자들이 복잡한 문제를 해결하는 데 도움을 줄 범용 인공지능 알고리즘을 개발하는 데 도전하겠다"라고 밝혔다. 실제 비즈니스에서 활용할 수 있는 인공지능 알고리즘을 개발하겠다는 의미다.

알파고가 조만간 비즈니스에서 활용 가능한 범용 인공지능 알고리즘으로 변신해 인간의 업무를 도와주거나 대신하는 날이 올 것이다. 이렇게 빅데이터를 실제 비즈니스에서 활용할 수 있는 시대가 오는데도 국내에서 빅데이터와 인공지능은 여전히 유행처럼 취급된다. 네이버 트렌드를 활용하여 빅데이터, 인공지능, 머신러닝에 대한 국내의 검색어 빈도 추이를 보면 알 수 있다.

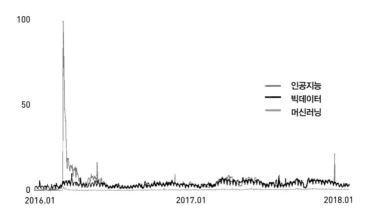

그림 4-1 네이버 트렌드를 활용한 국내 검색 빈도

2016년 3월 알파고와 이세돌 9단의 승부에서 알파고가 승리를 거두자 국내 매체들은 인공지능 관련 기사를 앞다투어 보도했다. 그래프에서 보는 것처럼 한 달 정도 인공지능에 높은 관심을 보이다가 곧 사그라져 현재까지 아주 낮은 수준에 머물고 있다. 다행인 것은 2016년 3월 이전에는 거의 바닥 수준이었던 빅데이터에 대한 관심이 조금은 높아졌다는 것이다.

실제 비즈니스에 알파고를 적용하려면 시간이 더 필요하니 성공 여부도 모르는 거 아니냐고 반문할 수 있다. 아직 여유가 있다고 생각할 수 있다. 하지만 이미 해외에는 빅데이터를 실제 비즈니스에 적용해 돈을 버는 기업이 있다.

3

아마존의 빅데이터 수집

과거 고객관계관리가 국내에 소개됐을 때 실제 업무에 데이터 분석을 적용하려는 시도가 있었다. 그러나 고객을 데이터로 표현해내지 못하면서 분석 관련 조직들만 관심을 가졌고, 그 중요성이 급격히 축소되었다.

최근에 가트너 같은 글로벌 IT 시장조사 연구기관이나 매킨지 같은 글로벌 컨설팅 기업들이 빅데이터에 대한 관심의 불씨를 지폈지만 금방 사그라지는 듯했다. 하지만 구글, 아마존 등 글로벌 선두 ICT 기업들이 지금까지 어느 기업도 전혀 상상하지 못한 인공지능 기반의 알파고와 아마존고Amazon Go 같은 성공 사례를 만들면서 빅데이터에 대한 관심이 재점화되었다.

아마존은 2016년 12월 미국 시애틀에 세계 최초 무인점포 아마존고를 오픈했다. 아마존고는 미국 최대 온라인 쇼핑몰인 아마존이 운영하는 오프라인 식료품점이다. 고객이 아마존고에 입장하려면 전용 앱을 설치한 뒤 입장 장치에 앱을 인식해야 한다. 매장에는 수많은 이미지 수집 센서들이 설치되어 있다. 아마존이 자체 개발한 이미지 인식 알고리즘은 센서들이 수집한 이미지를 자동으로 분석해 구매 목록을 작성한다. 고객이 상품을 집었다가 내려놓으면 구매 목록에서 삭제하고 카트나 바구니에 넣은 경우 구매 목록에 추가한다. 고객이 물건을 들고 매장을 나가면 금액은 자동으로 결제된다. 일반 마트처럼 계산하려고 줄을 설 필요가 없다. 아마존은 아마존고 오픈 이후 자사 직원들을 대상으로 시범 운영을 하다가 2018년 1월 점포를 확대하지 않겠다는 공식 발표와 함께 일반 고객에게도 오픈했다.

아마존고가 처음 소개됐을 때 인공지능이나 빅데이터 관련 전문가들 사이에서는 아마존고가 제4차 산업혁명 시대의 최첨단 기술로 무장하고 있지만 아직 기술적으로 완성 단계가 아니라는 의견이 많았다. 아마존이 자체 개발한 이미지 인식 알고리즘이 고객의 상품 구매 여부를 판별하는 수준이 100% 정확성을 확보하지 못했기 때문이다. 하지만 아마존은 아마존고가 세상에 알려진 후 약 1년 만에 상품 구매 여부 판별 정확도를 상당 수준 끌어올렸다.

온라인 업체인 아마존은 기술적으로 미완성이었던 무인점포 비

그림 4-2 아마존고 매장

즈니스를 왜 오프라인 매장을 만들어 운영하면서까지 포기하지 않고 지속했을까? 아마존은 아마존고의 인공지능 이미지 인식 알고리즘으로 딥러닝을 사용했다고 발표했다. 바둑 인공지능 알고리즘으로 딥러닝 알고리즘을 사용한 구글 딥마인드는 알고리즘 개발 후에도 정확성을 확보하기 위해 약 3년 정도 빅데이터 수집 및 학습 시간을 가졌다. 아마존고도 알파고와 마찬가지로 딥러닝을 사용하기 때문에 학습에 필요한 빅데이터 수집과 정확도를 확보하기 위한 일정 시간이 필요했다. 이미 학습이 완료된 알파고의 딥러닝 알고리즘을 구매해서 학습 시간을 줄이면 되는 거 아니냐고 생각할 수도 있지만, 이는 인공지능 학습에 관한 오해 중 하나다.

인공지능 알고리즘을 사람에 비유하면, 알파고는 바둑 프로 기사고 아마존고는 유통 업무 전문가다. 바둑 프로 기사를 유통 기업의 전문 경영인으로 채용해서 경영을 맡길 수 있을까? 물론 이 두 가지를 다 잘하는 사람도 있겠지만 바둑 프로 기사가 된다는 것과 전문 경영인이 된다는 것은 필요한 전문 역량은 물론 목적도 다르다. 한 사람이 이 두 가지 일을 다 잘하려면 각각 다른 경험이 필요하다. 결국 따로따로 학습을 해야만 한다.

알파고와 아마존고 역시 같은 알고리즘을 사용하더라도 활용 목적이 다르기 때문에 학습에 필요한 데이터가 완전히 다르다. 알파고는 학습을 위해 바둑 기보 데이터를 사용해야 하지만 아마존고는 이미지 인식 알고리즘이 핵심이라 고객이 물건을 집거나 다시 돌려놓거나 물건을 카트나 바구니에 담는 등의 이미지 빅데이터가 필요하다. 결국 구글 딥마인드가 알파고에 사용된 딥러닝 알고리즘을 상용화해도 알고리즘 개발 시간은 줄일 수 있지만 알고리즘 학습 시간과 빅데이터 수집 시간은 줄일 수가 없다.

아마존도 아마존고 초기 기획 단계에서 학습을 위해 이미지 빅데이터가 필요하다는 사실을 인지하고 데이터를 어떻게 확보할지 깊은 고민을 할 수밖에 없었을 것이다. 전 세계 어떤 데이터 유통 기업도 아마존에게 필요한 이미지 빅데이터를 미리 예상할 수는 없고, 어쩌면 회수할 수 없을지도 모르는 방대한 비용을 써가면서 고객이 물건을 집고 다시 내려놓고 카트에 넣는 일련의 구매 행동을 연속

돈이 보이는 빅데이터

적인 이미지 데이터로 수집할 수는 없기 때문이다. 아마존은 학습에 필요한 이미지 빅데이터를 수집하기 위해 직접 무인점포를 만드는 것이 최선이라는 결론에 도달했다. 그들은 2018년 초까지 무인점포를 운영하면서 고객이 마트에서 하는 모든 행동 관련 이미지 데이터를 수집했을 것이다. 이제 아마존은 일반 고객에게 아마존고를 오픈한 후 그동안 학습한 이미지 인식 알고리즘의 정확도를 테스트하면서 당분간 이미지 인식 정확도를 높이는 데 집중할 것이다.

실제 업무에 인공지능을 활용하려면 머신러닝 알고리즘을 개발한 뒤 차원의 저주를 풀 수 있을 정도의, 엄청나게 방대한 빅데이터를 수집해서 인공지능 알고리즘을 학습시켜야 한다. 어느 것 하나 쉽지 않은 일이다. 하지만 아마존이 무인점포라는 새로운 비즈니스를 만들기 위해 첫발을 내디뎠고 1년 만에 비즈니스 목적을 달성할 만큼 충분히 많은 빅데이터를 수집했다. 그 결과 일반 고객에게 오픈할 수 있을 정도로 딥러닝의 정확도를 높일 수 있었다. 누구도 엄두를 내지 않았던 새로운 비즈니스가 만들어지기 시작한 것이다. 이런 일이 다른 비즈니스에서 일어나지 않는다는 보장은 없다. 기존 기업들이 뛰어들지 않는다면 아마존이나 구글 등과 같은 기업들이 새롭게 진출할지도 모른다.

4

비즈니스 경쟁 구도를 뒤흔드는 아마존고

마트에 가면 가장 먼저 눈에 띄는 것이 입구 옆에 있는 수많은 계산
대와 거기서 일일이 바코드로 물건을 찍고 있는 직원들이다. 계산
하는 직원들은 계속 서서 작업하기 때문에 직원 여러 명이 교대로
근무한다. 계산대 수는 적기 때문에 고객들은 빨리 계산하기 위해
각 계산대마다 줄이 얼마나 긴지 확인한다. 매장 안에는 상품을 정
리하고 진열하는 직원들도 있다. 점포 규모에 따라 다르겠지만 마
트마다 운영 및 관리에 필요한 인건비 비중이 클 것이다.

아마존고와 같은 무인점포가 현실화된다면 계산대는 없어진다.
고객이 상품을 집어 카트나 바구니에 넣으면 이미지 인식 인공지능
알고리즘이 이미 자동으로 가격을 계산하기 때문이다. 상품을 진열

돈이 보이는 빅데이터

하거나 고객에게 상품 위치를 안내할 직원 수도 많이 필요한 건 아니다. 인공지능 알고리즘은 상품 진열대의 이미지와 판매 데이터를 분석해서 어떤 상품이 어느 정도 부족한지 파악해 상품 정리 담당 직원의 스케줄을 자동으로 정해줄 것이기 때문이다. 이런 시스템이라면 어느 진열대에 어떤 상품을 채울지 사람이 매장을 다니며 확인하지 않아도 된다. 또한 고객은 상품의 위치를 직원에게 문의하는 게 아니라 아마존고 앱에서 문자나 음성으로 검색해서 찾게 될 것이다. 아마존은 이미지 센서와 이미지 인식 알고리즘만으로 현재 유통 업계가 구조적으로 가질 수밖에 없는 인건비 부담을 상당 부분 낮춰줄 수 있다.

만약 아마존이 이렇게 절감된 비용을 단순히 수익으로 인지하지 않고 재투자한다면 기존 유통 비즈니스는 꽤 파격적이고 새로운 방식과 직면할 것이다. 가장 쉽게는 절감된 비용을 바로 제품 가격에 반영해 할인하는 것이다. 아마존고에 가면 동일한 제품을 다른 점포보다 10% 정도 저렴하게 구매할 수 있다. 다른 마트에서는 제품 하나를 구매해도 계산하려는 사람들이 많으면 앞에 서 있는 사람들이 계산을 다 마칠 때까지 기다려야 하지만 아마존고에서는 물건을 집고 나오면 결제가 된다. 이런 매장이 확산되면 그 지역에 있던 일반 유통 점포들의 기존 고객 중 상당수가 아마존고로 이동할 것이다. 아마존고 점포 수가 적으면 그나마 영향을 덜 받겠지만 불행히도 아마존고는 무인점포라는 특성 때문에 일반 마트보다 확장성 면에서도 유리하다. 아마존고 매장이 많아지면 기존 유통 비즈니스는 새로운 전환기를 맞으면서 지금은 상상하기 어려운 여러 변화가 일어날 것이다.

유통 업체들은 가장 먼저 무인점포 운영에 필수적인 제4차 산업혁명 시대의 기술들을 어떻게든 확보하려 노력할 것이다. 제3차 산업혁명 시대의 IT 기술들은 경쟁 기업이 성공하면 빨리 카피해서 따라 잡는 게 가능했다. 하지만 제4차 산업혁명 시대의 기술을 확보하는 것은 예전처럼 쉬운 일이 아니다. 구글이 만든 바둑 인공지능 알고리즘에 사용된 딥러닝을 아마존이 그대로 카피해서 아마존고에 사용할 수 없는 것과 마찬가지다. 제4차 산업혁명 시대에 새로운 비즈니스를 창조할 디지털 기술의 확보 방식은 제3차 산업혁명 시대인 지금과는 완전히 다른 시각에서 바라봐야 한다. 아마존고에 활용된 제4차 산업혁명 기술인 딥러닝에 기반한 이미지 인식 알고리즘을 왜 카피하기 어려운지, 제3차 산업혁명 시대와 제4차 산업혁명 시대의 신기술 도입 방식을 상호 비교해가면서 설명하겠다.

제3차 산업혁명 시대에는 글로벌 혹은 국내 선두 IT 기업들이 금융, 통신 관련 기업들에게 새로운 IT 기술을 충분히 제공해줄 수 있었다. 지금 이 순간에도 많은 유통 기업들이, 선두 그룹에 속한 아마존이 신기술을 도입해서 성공하면 그 기술을 제공한 IT 기업에 접촉하면 된다고 생각할지도 모른다. 제3차 산업혁명 시대에는 선두 기업에 새로운 기술을 처음 제공한 IT 기업이 성공하는 지름길로 안내할 수 있었기 때문에 나머지 기업들은 쉽고 빠르게 따라갈 수 있었다. 더군다나 먼저 투자한 기업보다 적은 투자비로 동일한 수준의 비즈니스를 제공받는다는 아주 매력적인 장점도 있었다.

심지어는 새로운 기술을 빠르게 쫓아간 기업이 원래 그 기술을 개발한 선두 기업보다 더 성공할 수도 있었다. 세계 최초로 컬러 LCD TV를 만든 기업은 일본 기업 엡손이었다. 하지만 현재 세계 TV 시장에서 높은 점유율을 차지하는 기업은 그 기술을 빠르게 쫓아간 삼성과 LG다. 반대로 새로운 기술을 처음 도입하여 실패한 사례는 너무나도 많다. 예를 들어 2000년대에 국내에 고객관계관리 솔루션이 소개되었을 때 기업들이 많은 관심을 가졌다. 데이터 분석을 통해 고객의 니즈를 파악하는 고객관계관리 솔루션이라면 타깃 마케팅이 가능할 거라는 핑크빛 전망도 있었다. 국내에 많은 금융, 통신 기업들은 서로 앞다투어 이를 도입하려 했지만 기업이 바라는 목적을 얻는 데에는 실패했다. 기업들 대부분은 제3차 산업혁명 시대의 새로운 기술을 먼저 도입했다 실패한 쓰라린 경험을 갖고 있기 때문에 리스크가 높은 기술을 도입하는 걸 주저하게 됐다.

여러 기업들이 제3차 산업혁명 시대에 만들어진 새로운 IT 기술을 빨리 도입할 수 있었던 건, 업무 프로세스처럼 기업마다 크게 다르지 않는 표준을 프로그램으로 코딩하여 소프트웨어를 만들었기 때문이다. 다른 IT 기업들도 업무에 대한 전문 지식만 있다면 동일한 솔루션을 손쉽게 만들어 얼마든지 제공할 수 있었다.

제4차 산업혁명 시대에는 빅데이터가 이런 카피 전략을 방해한다. 아마존고 같은 새로운 비즈니스를 가능하게 한 제4차 산업혁명 시대의 기술들을 아마존이 어떻게 확보했는지 빅데이터 관점에서 살펴보자. 여러 가지 기술 중 빅데이터가 필요한 이미지 인식 알고리즘의 핵심인 딥러닝은 데이터를 분석하고 분석 결과를 학습한 뒤 학습한 내용을 기반으로 판단이나 예측 등을 수행하는 머신러닝 기법 중 하나다. 딥러닝 알고리즘을 활용하면 이미지 인식 알고리즘은 누구나 개발할 수 있다. 하지만 개발된 알고리즘이 제대로 작동하려면 제3차 산업혁명 시대의 IT 기술과는 달리 학습 과정이 필요하다. 머신러닝이 학습을 하려면 빅데이터가 필요하기 때문에 빅데이터 수집 과정이 있어야만 한다.

제3차 산업혁명 시대에는 자바, C언어와 같은 프로그램 개발 언어를 익힌 개발자들이 업무 프로세스나 업무 지침 등을 직접 코딩해 소프트웨어를 만들어냈다. 기업 비즈니스에 정통한 전문가들의 지식을 바탕으로 비즈니스 수행을 위한 구체적이고 한정적인 지침들을 소프트웨어로 제공했기 때문에 다른 기업들이 빠르게 카피할 수 있었던 것이다. 제4차 산업혁명 시대도 머신러닝 알고리즘을 개발하는 것까지는 동일하다. 하지만 대량의 데이터를 수집해서 수집한 빅데이터로 머신러닝 알고리즘을 학습시켜 머신 스스로 업무 프로세스나 업무 지침 등을 익히게 하는 추가적인 과정이 필요하다. 업무 담당자도 찾아내지 못한 지침들을 머신 스스로 발견할 수 있도록 알고리즘을 만들고 학습시켜야 하기 때문에 제3차 산업혁명

돈이 보이는 빅데이터

시대와 같은 카피는 불가능해지는 것이다.

이렇게 제4차 산업혁명 시대의 기술과 제3차 산업혁명 시대의 기술에는 뚜렷한 차이점이 있기 때문에 아마존은 역량 있는 IT 기업들에게 신기술 개발을 맡기지 못하고 자체적으로 개발할 수밖에 없었을 것이다. 구글이 바둑 인공지능 알고리즘 개발을 IT 기업에게 의뢰하지 않고, 알파고를 개발하던 딥마인드를 인수해서 자체적으로 바둑 인공지능 알고리즘을 확보한 이유도 이와 같은 맥락에서다.

기존 유통 기업들이 고객관계관리 솔루션처럼 딥러닝이라는 공개된 인공지능 알고리즘을 확보하는 건 가능하다. 하지만 기업 목적에 맞게 정확하게 학습시킨 딥러닝 알고리즘을 제공받는 건 불가능할 것이다. 자동차 회사들이 동일 차량의 동일 엔진을 튜닝해서 고성능 자동차를 만들듯 '딥러닝' 알고리즘이 아니라 '업무 수행 방법을 학습한 딥러닝' 알고리즘을 확보하기 위해서는 학습에 필요한 빅데이터 수집이 선행되어야 하기 때문이다.

제4차 산업혁명 기술로 무장한 아마존고 같은 무인점포 비즈니스를 쉽게 카피할 수 없는 이유는 더 있다. 제4차 산업혁명 시대에는 제3차 산업혁명 시대에 필요하지 않았던 두 가지가 더 필요하다. 첫 번째는 딥러닝을 학습시킬 수 있는 방대한 양의 빅데이터 확보이고, 두 번째는 빅데이터를 통해 학습된 머신이라도 계속해서 정확도를 높여야 한다는 것이다. 아마존이 1년여 동안 직원들을 대상으로만 아마존고를 운영한 이유는 이미지 인식 알고리즘의 정확도 확보에 필요한 빅데이터 확보 때문이다. 아마존고 같은 무인점포를 구현하려는 타 유통 기업들도 딥러닝 알고리즘을 확보해서 학습을 시켰더라도 적어도 1년 정도는 이미지 빅데이터를 축적하며 지속적인 정확도 개선 기간을 가져야 한다.

아마존이 아마존고에 사용된 이미지 인식 알고리즘 및 축적한 모든 데이터를 공개했다고 가정해보자. 과연 타 유통 기업들이 바로 유사한 비즈니스를 오픈할 수 있을까? 이에 대해 매우 부정적인 답변을 할 수밖에 없다. 동일 유통 업종이라고 해도 빅데이터 관점에서 보면 각각 기업들이 판매하는 상품이나 매장 운영 방식, 진열대 형태, 상품 배치 방식, 센서 위치 등 상세한 이미지들은 서로 다르다. 고객이 제품을 집고 이를 카트나 바구니에 담았다가 다시 돌려놓거나 하는 이미지 데이터나 학습된 알고리즘은 재활용이 가능하다고 해도, 아마존고가 취급하지 않는 상품을 판매하거나 아마존고와 진열 방식이 다르다면 반드시 추가 학습이 필요하다. 물론 아마존이 아마존고 학습에 소요했던 시간보다는 빠르게 학습시킬 수 있겠지만 결국 각 유통 기업 특색에 맞는 추가 학습을 위해 이미지 빅데이터를 추가적으로 확보해야 한다.

제4차 산업혁명 시대의 기술과 결합된 빅데이터는 완전히 새로운 비즈니스를 만드는 것은 물론 기존 비즈니스의 경쟁 구도조차 변화시킬 것이다. 제3차 산업혁명 시대처럼 한 기업이 선도적으로 기술을 도입해서 성공하면 이를 개발한 기업들로부터 빠르게 기술을 공급받아 다른 기업들도 바로 사용할 수 있는 시대는 더 이상 지속되지 않을 것이다. 제4차 산업혁명 시대에는 동일한 디지털 기술을 확보하더라도 빅데이터 수집과 머신러닝 알고리즘 학습이라는 새로운 개념이 추가되기 때문에 선두 기업 추격에 소요되는 시간이 그만큼 길어질 수밖에 없다. 이런 속성을 미리 간파한 아마존 같은 제4차 산업혁명 시대의 선두 기업들이 새로운 비즈니스에 필요한 인공지능 알고리즘을 자체적으로 개발하면서 이런 경향이 점점 더 확산될 것이라고 예상한다.

앞으로 머신러닝과 인공지능 알고리즘은 새로운 비즈니스를 현실로 만들 것이다. 딥러닝 알고리즘은 아마존고처럼 돈을 벌 수 있는 새로운 비즈니스를 가능하게 했다. 딥러닝이 개발되지 않았다면 아마존고는 실현 불가능했을 것이다. 하지만 앞에서도 언급했듯 딥러닝이 있어도 이를 학습시킬 빅데이터가 없었다면 아마존고의 등장은 불가능했다. 아마존은 딥러닝을 학습시킬 빅데이터를 1년간 수집하면서 알고리즘을 더 정교하게 만들었고, 다른 유통 기업들이 동일한 정확성을 확보할 때까지 무인점포 비즈니스에서 독과점적인 시장 점유율을 확보할 가능성이 높다. 아마존고 등장 이전에 빅데이터로 돈을 벌 수 있는 기업은 본업 자체가 빅데이터가 없으면 안 되는 기업들이었다. 따라서 기업들 대부분이 빅데이터만으로는 돈을 벌 수가 없었다. 아마존은 빅데이터와 인공지능 혹은 머신러닝 알고리즘을 결합하여 돈을 벌 수 있는 새로운 길을 제시하고 있다.

5

구글과 아마존이 발견한 빅데이터의 미래

최근 개편한 인공지능 웹사이트 구글 AI를 보면 구글은 두 가지 관점으로 인공지능에 초점을 맞추고 있다. 하나는 그동안 개발한 머신러닝과 인공지능 알고리즘을 오픈소스 소프트웨어인 텐서플로로 일반인에게 공개하는 것이고, 다른 하나는 머신러닝 무료 교육 MLCCMachine Learning Crash Course로 일반인을 교육하는 것이다.

MLCC는 구글이 직원들에게 인공지능과 머신러닝을 이해시키기 위해 만든 내부 교육 과정을 기반으로 한다. 물론 필요한 수학적 이론이나 파이썬 같은 프로그램에 대한 지식은 필요하지만, 구글의 머신러닝 전문가들은 25개 강의와 과제 40개, 15시간에 달하는 MLCC 과정을 통해 머신러닝을 모르는 초보자들을 교육한다.

그림 4-3 머신 비전의 예시

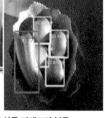

이미지에서 사물 카테고리 분류   이미지에서 사람 얼굴 인식

MLCC에는 흥미를 유발하기 위한 다양한 프로그램이 있다. 사람이 직접 손이나 마우스를 활용해 고양이를 그리면 자동으로 인식하는 캣 두들Cat Doodles, 인공지능 기반의 이미지 인식 알고리즘이 이미지를 보고 어떤 사물인지 분석하는 머신 비전Machine Vision 등이 있다. 어느 정도 머신러닝 지식이 있는 사람들에게는 텐서플로를 활용한 고급 프로젝트 과정을 제공한다. 구글은 MLCC에 다양한 과정을 추가하고 더 많은 실습이 가능한 환경을 구축할 계획이다.

구글은 교육을 무료로 제공하는 이유로 머신러닝 알고리즘 개발 역량을 닦아 실제 업무에 적용할 수 있는 인재 육성을 위해서라고 밝혔다. 그런데 이면에는 다른 이유가 있다. 구글이 원하는 건 앞으로 만들어질 빅데이터 혹은 인공지능 생태계에서 마이크로소프트, 페이스북, 애플, 아마존 등 경쟁 기업에 뒤처지지 않는 것이다. 마이크로소프트는 업계 최초로 머신러닝 서비스를 기업에 제공하면서 상당한 혜택을 받았고 이에 자극받은 구글은 머신러닝 서비스를 대폭 강화했다. 머신러닝 서비스에서 경쟁사보다 다소 열세인 아마존도 2017년 11월부터 원격 컴퓨팅 서비스 아마존 웹서비스Amazon Web Services, AWS에 머신러닝 서비스를 제공하기 시작했다.

각 기업들이 경쟁하는 이유는 머신러닝 서비스가 아직은 초기 단계이지만 조만간 기업의 인공지능 플랫폼으로 성장할 가능성이 충분하기 때문이다. 마이크로소프트는 잠재적 머신러닝 서비스 사용자인 마이크로소프트 오피스 사용자들을 보유하고 있고, 상당히 오래전부터 기업용 솔루션 사업을 해왔기 때문에 전문 개발자들도 확보하고 있다. 하지만 구글은 그렇지 않기 때문에 일반인을 교육시켜 잠재적인 서비스 사용자와 전문 개발자를 확보하려는 것이다.

구글은 이미 인공지능이나 딥러닝 관련 프로젝트를 연간 7천여 개 정도 운영하고 있다. 이를 통해 데이터 센터를 넘어 스마트폰을 포함해 고객과 커뮤니케이션할 수 있는 모든 디바이스와 자율주행 자동차로 비즈니스를 확장하는 것이 목표다. 이때 필요한 것이 바로 머신러닝과 인공지능 알고리즘이다. 구글은 어떤 인공지능 알고리즘이 새로운 비즈니스를 창출할지 모르기 때문에 가능한 한 모든 인공지능 알고리즘을 만들어내려고 엄청난 수의 프로젝트를 운영하고 있다.

마이크로소프트의 머신러닝 서비스는 고객이 분석하려는 데이터의 일부를 마이크로소프트에 제공하면 마이크로소프트 담당자가 제공된 데이터를 기반으로 딥러닝 알고리즘을 학습시켜준다. 하지

돈이 보이는 빅데이터

만 구글은 딥러닝 알고리즘 학습도 고객이 직접 할 수 있도록 편의성을 극대화시켰다. 아마존고 또한 인공지능 알고리즘이 만들어낸 비즈니스이다. 아마존은 처음부터 무인점포를 만들려고 한 게 아니라 자율주행자동차를 연구하다 이 기술이 무인점포에도 활용될 수 있다는 것을 발견하고 아마존고를 시도했다.

아마존은 아마존 웹서비스를 기반으로 다른 경쟁자들보다 다양한 머신러닝 알고리즘을 제공하면서 비용을 절감할 수 있게 한다. 이미 개발한 챗봇이나 음성인식 알고리즘 등 경쟁사보다 좀 더 목적이 명확한 알고리즘을 제공하고 있다. 또한 아마존 머신러닝 서비스를 통해 개발된 머신러닝 혹은 인공지능 알고리즘을 아마존 웹서비스에서 구동 가능하도록 전 과정을 개발할 수 있는 환경 제공을 위해 노력하고 있다.

아마존은 구글이나 페이스북처럼 빅데이터를 처리해야 하는 비즈니스가 아니었기 때문에 빅데이터나 인공지능에 대한 대응이 경쟁사들에 비해 늦을 수밖에 없었다. 이를 극복하기 위해 각 조직장들에게 빅데이터나 인공지능을 해당 업무에 어떻게 적용할지 고민하도록 시키고, 심지어 20년간 개발한 추천 알고리즘도 딥러닝을 적용해 다시 개발했다. 초기에는 아마존 내부에서도 많은 반대가 있었지만 딥러닝을 이용해 더욱 정확한 알고리즘을 개발하면서 아마존은 머신러닝 분야를 선도하는 기업으로 자리매김했다. 머신러닝과 인공지능을 활용해서 기존과 다른 차별화된 제품을 만든 것이다.

머신러닝 서비스 경쟁을 통해 분석 과제에 맞는 다양한 딥러닝 알고리즘이 개발되고, 이는 오픈소스 소프트웨어로 공개될 것이다. 그렇기 때문에 알고리즘을 직접 개발하는 것보다 오픈소스 소프트웨어를 활용하는 것이 더 효율적일 수 있지만 한계가 존재한다. 차원의 저주가 완전히 풀리지 않아 기업의 분석 과제를 제대로 설명할 특징변수를 자동으로 찾아주는 알고리즘은 아직 표준화되지 않았다. 또한 머신러닝 알고리즘 학습에 필요한 데이터는 아직도 기업의 데이터웨어하우스에 보관되어 있다. 거듭 말하지만 아무리 좋은 알고리즘이라도 쓰레기를 넣으면 쓰레기가 나올 수밖에 없다.

예를 들어 아마존이 머신러닝 서비스로 챗봇을 제공한다고 해도 챗봇은 영어로 학습되었기 때문에 한국어에서도 동일한 성능을 보일 거라고 보장할 수 없다. 또 자사에서 사용하는 전문용어도 별도로 학습시켜야 하는데 대부분 기업 내에는 빅데이터, 머신러닝, 인공지능 관련 인력이 없다. 물론 구글은 이럴 경우를 대비해 구글 내 전문가들이 기업 데이터를 분석해서 조언하고 정제해주는 서비스도 제공한다고 한다. 즉, 분석 첫 단계를 대신 수행해서 개발된 알고리즘의 정확도를 높여주겠다는 것이다. 구글이 이런 서비스를 제공해준다고 해도 한국어 사용 인구는 비중이 적기 때문에 한국어는 우선순위에서 밀릴 것이다. 구글의 도움만 기다릴 수는 없다. 국내 기업들은 이제라도 구글이나 아마존처럼 빅데이터를 보는 눈을 갖고 머신러닝 서비스를 최대한 활용할 준비를 해야 한다.

PART
5

빅데이터로
돈 벌기

1

매출 올리는 빅데이터 마케팅

'빅데이터 마케팅'이란, 빅데이터를 통해 마케팅에서 가장 이상적인 고객별 타기팅이 가능한 마케팅을 일컫는 새로운 용어다. 빅데이터가 몰고 올 마케팅의 미래라고 할 수 있다.

영국 마케팅 전문가이자 〈포브스〉의 유명 기고가인 그렉 사텔Greg Satell이 진단한 것처럼 마케팅은 직관에 의존한 마케팅에서 직관과 데이터 분석을 겸비한 마케터가 주도하는 마케팅으로 발전하고는 있지만 모두 절대적으로 성공하지는 못하고 있다.

그렉은 한때 위대한 마케터는 뛰어난 직관이 있어야 된다고 믿었다. 그가 예를 든 직관이 뛰어난 마케터는 말보로 담배를 위기에서 건져낸 레오 버넷Leo Burnett 같은 사람이다. 레오 버넷은 당시 남성들이 건강에 관심이 많다는 것과 순한 필터 담배에 대한 부정적인 이미지를 연결해 남성적이지만 건강을 위해 순한 담배를 피우는 '말보로 맨Marlboro Man'의 이미지를 만들어내어 대성공을 거뒀다. 그렉은 직관이 뛰어난 마케터로 스티브 잡스Steve Jobs도 꼽았다. 스티브 잡스는 고객은 원하는 제품을 보기 전까지는 원하는 것이 무엇인지 모른다고 말하면서 시장 조사 결과가 아닌 본인의 직관에 근거해 제품을 개발함으로써 애플의 재건을 이뤄냈다.

직관에 의한 마케팅은 마케터가 직접적인 경험이 많고 지속적이고 즉각적인 피드백을 받을 수 있는 위치일 경우 성공 가능성이 높다. 하지만 뛰어난 직관을 가진 위대한 마케터들이 종종 주관적인 직관을 맹신하는 오류에 빠져 실패하는 한계도 같이 존재한다. 직관이 뛰어난 마케터들이 데이터나 알고리즘보다 자신의 직관이 좀 더 현실적이라 느끼면서 실패할 가능성이 높아진다는 것이다. 이보다 더 큰 한계는 뛰어난 직관을 가진 마케터들이 흔하지도 않고, 발견하기도 쉽지 않다는 것이다.

하지만 전에 비해 소비문화가 성숙해지고 시장이 세분화되면서, 기업이 데이터를 기반으로 소비자 세분화에 맞춰 마케팅을 기획해야 한다는 새로운 마케팅 이론이 등장하기 시작했다. 변화의 시작은 펩시의 성공과 코카콜라의 실패였다. 코카콜라보다 단맛이 강한 펩시는 1963년 신세대를 대상으로 한 설문 조사를 통해 이들이 코카콜라에 대한 반감을 갖고 있고, 단맛을 선호한다는 것을 알았다.

펩시는 '신세대의 선택The Choice of a New Generation' 캠페인을 통해 젊고 감각적인 이미지를 만들며 신세대 공략에 성공했다. 펩시는 점점 세분화되는 시장을 간파하고 데이터 분석을 통해 마케팅 전략을 빠르게 수립했기 때문에 성공했다. 펩시가 세분화되는 시장을 포착할 수 있었던 것은 위대한 마케터의 직관이 아니라 데모그래픽이나 사이코그래픽 세분화(사회 계층, 라이프 스타일, 개성 따위의 기준에 따라 시장을 구분하는 세분화 방법)로 고객 행동을 이해하려는 시장 조사와 통계분석 결과를 직관과 결합했기 때문이다. 전 고객을 대상으로 하는 매스 마케팅 방식을 고집하던 코카콜라는 펩시의 성공을 보고 펩시와 동일하게 신세대를 공략하기 위해 20여만 명 이상이 참여한 시장 조사와 시음 결과 데이터를 기반으로 '뉴 코크New Coke'를 출시했지만 젊은 세대는 물론 기존 고객에게도 외면받았다.

펩시보다 충실하게 수집한 데이터로 펩시와 동일하게 분석 결과를 직관적으로 해석했는데 왜 펩시는 성공하고 코카콜라는 실패했을까? 이유는 간단하다. 마케팅 기획자들도 결국 사람인지라 데이터 분석 결과에 기반해서 마케팅 직관을 창조하는 것이 아니라, 오히려 직관을 증명하기 위해 시장 조사 방식을 고안하고 데이터를 취합한다. 결국 편향된 결과를 낳는 확증편향(자신의 가치관, 신념, 판단 따위와 부합하는 정보에만 주목하고 그 외의 정보는 무시하는 사고방식)에서 벗어나기 어렵다는 것이다. 코카콜라 마케팅이 실패한 건 기획자들이 확증편향에서 벗어나지 못했기 때문이다. 코카콜라 때문에 데이터 기반의 마케팅 기획이라는 새로운 마케팅 이론도 결국 한계가 존재한다고 알려지긴 했지만, 이후 많은 기업들은 직접 마케팅 기획 부서를 운영하면서 모든 고객을 대상으로 하는 매스 마케팅에서 특정 상품에 관심이 높은 고객을 대상으로 하는 타깃 마케팅 방식으로 전환하게 됐다.

타깃 마케팅은 기업 내에 축적된 성별, 연령 등 고객의 데모그래픽 데이터와 고객이 기업의 서비스나 상품을 이용하면서 발생하는 데이터를 결합하여 각 고객들을 유사한 커다란 집단으로 구분해 그 집단에 속한 고객을 대상으로 마케팅을 하는 형식이다. 매스 마케팅의 대상이 전 고객이라면, 타깃 마케팅은 유사한 특성을 갖는 좀 더 세분화된 고객 집단을 대상으로 한다.

하지만 지금 고객들은 자신만의 개성 있는 소비를 추구하는 경향이 증가하고 있기 때문에 마케터들이 분석해야 하는 데이터의 양은 급속하게 늘어났다. 또한 다양해진 소비 문화 때문에 유사성을 갖는 고객 집단의 크기가 점점 작아지면서 분석에 필요한 데이터가 부족해졌다. 따라서 고객 집단이 너무 많아 집단별로 마케팅을 기획하는 것도 힘들어졌다. 결국 타깃 마케팅의 대상 고객 집단의 크기가 갈수록 줄면서 집단 개수가 많아지자 타깃 고객 집단의 특성을 제대로 분석하지 못하는 한계에 부딪치면서 마케팅 반응률이 점점 더 낮아지는 악순환을 겪고 있다.

이에 대한 해결책으로 MIT 디지털비즈니스센터 연구원 앤드류

맥아피Andrew McAfee는 〈하버드 비즈니스 리뷰〉에 마케터들이 마케팅 대가인 레오 버넷이 가진 마케팅 직관에 대한 동경을 버리고, 인공지능 알고리즘이 데이터를 고속 처리해 유의미한 패턴이나 인사이트를 인간보다 쉽게 찾을 수 있다는 사실을 받아들여야 한다고 밝혔다. 또한 결국에는 빅데이터를 기반으로 한 다양한 시뮬레이션을 통해 마케팅 전략을 수립하는 빅데이터 마케팅으로 전환할 수밖에 없다고 예측했다.

하지만 여전히 매스 마케팅과 타깃 마케팅은 흔히 쓰인다. 온라인 마켓에 접속하면 매스 마케팅이 어떤 것인지 알 수 있다. 프로모션 기간 동안 5만 원 이상을 구매하면 5천 원 혹은 10% 할인 쿠폰을 주는 것은 접속한 모든 고객들에게 적용이 가능한 마케팅이다. 오프라인 매장, 로그인하지 않아도 되는 모바일이나 웹 등 방문 고객을 확인할 수 없는 채널에서는 여전히 매스 마케팅이 중요한 마케팅 수단이다. 반면에 문자나 앱푸시(통신사가 제공하는 문자와 달리 스마트폰에 설치된 앱이 스마트폰의 알림 기능을 활용하여 사용자에게 메시지를 보여주는 기능)는 스마트폰을 사용하는 개별 고객에게 접근할 수 있는 채널이라 주로 타깃 마케팅이 이루어진다.

이런 문자나 광고성 앱푸시를 받아본 경험은 다들 있을 것이다. 하지만 메시지를 받은 고객은 큰 감흥을 느끼지 못한다. 오히려 부정적인 감정을 느끼기도 한다. 기업들이 타깃 마케팅을 하고 있음에도 고객들이 이런 느낌을 갖는 이유는 기업이 타깃 선정을 위한 분석 과정에서, 앞서 말했던 분석 첫 단계를 생략하기 때문이다.

보통 기업의 마케팅 담당자는 데이터 분석 담당자에게 기획한 마케팅의 취지를 설명하며 타깃을 선정해달라고 요청한다. 먼저 데이터 분석 담당자는 과거에 동일한 프로모션이 있었는지 조사한다. 만약 동일한 프로모션이 없었다면 가장 유사한 프로모션을 찾아 이에 반응한 고객과 반응하지 않은 고객, 두 집단으로 구분할 것이다. 이렇게 전체 고객 중에서 특정 마케팅 관련 고객을 두 집단으로 구분한 후 집단 간 차이를 발견하기 위해 고객의 데모그래픽 정보, 고객이 기업과 비즈니스를 통해 남긴 데이터 등을 비교·분석한다. 좀 더 구체적인 예를 들어보면 성별, 연령, 지역과 같은 고객의 데모그래픽 데이터와, 카드 회사라면 고객의 업종별 소비 데이터를, 통신사라면 통화 대상이나 시간 등 통화 관련 데이터를 분석해서 두 집단 간에 차이가 있는지 분석하는 것이다. 대부분 통계분석을 통해 차이를 발견하지만 회귀분석 알고리즘을 통해 고객별로 마케팅에 반응할 가능성을 좀 더 정교한 수치로 나타내어 마케팅 담당자에게 전달할 것이다.

매우 논리적으로 분석된 것처럼 보이지만 이런 분석 결과를 기반으로 수행된 마케팅의 경우 반응률이 대부분 1% 이내 수준이다. 마케팅 담당자는 오랜 경험을 통해 분석 담당자가 선정한 타깃의 반응률이 낮다는 사실을 이미 인지하고 있기 때문에 마케팅 목표 달성을 위해 마케팅 대상을 일정 규모 이상으로 선정해달라고 다시 요청할 것이다. 마케팅 목표가 3만 명으로 설정되면 1%의 반응률이라고 가정했을 때 대상을 최소 300만 명으로 선정해야 한다. 결국 297만 명의 고객들은 불필요한 마케팅에 노출될 수밖에 없다. 데이터 분석을 통해 마케팅 대상을 선정했는데 왜 이렇게 낮은 반응률이 나오는 것일까? 분석 담당자에게 이유를 물어보면, 고객 프로필 정보나 매출 정보만으로는 과거에 고객이 마케팅에 반응한 이유를 정확히 알기 힘들다, 기업 내에 그 이유를 찾을 수 있는 데이터가 존재하지 않다, 등등으로 대답할 것이다.

한때 기업 내에 없다고 생각되던 고객의 구매 동인 데이터를 외부 소셜데이터를 통해 알아낼 수 있다는 기대로 기업 내 분석 담당자들 사이에서 소셜데이터 분석이 유행했던 적이 있다. 필자도 기업에서 빅데이터 조직을 담당할 때 소셜데이터로 다양한 분식을 시도해보았다. 이를 통해 얻은 결론은, 고객은 SNS에 자신의 향후 구매의사를 명확히 밝히지 않는다는 것이다. 물론 사회적으로 유행하는 제품 선호도나 의견 등에 대한 언급은 많이 있지만 그 데이터가 고객의 진심인지 아니면 단순히 자랑하기 위해 마음에도 없는 이야기를 올린 건지 분간하기 어렵다.

해외 직구 관련 소셜데이터를 분석해본 적이 있다. SNS에서 가장 많이 언급된 해외 직구 1위 사이트는 아마존이었다. 그런데 카드로 결제한 데이터를 분석하면, 해외 직구 1위 사이트는 아마존이 아니라 미국 배송 대행업체 몰테일이 운영하는 아이허브iHerb였다. 소

돈이 보이는 빅데이터

셜데이터 분석 결과 3위였던 아이허브가 왜 실제 구매 데이터 분석 결과 1위인지 이유를 찾아봤다. 다양한 분석을 시도한 결과 아이허브에서 판매하는 상품들이 국내에 이미 많이 알려진 비타민 등이라 SNS에 올렸을 때 다른 사람들의 관심을 끌지 못한다는 사실 때문임을 발견했다.

또한 알리바바Alibaba 같은 중국 온라인 마켓의 카드 결제 금액이 두 배 이상 급증했지만 SNS에서 언급량은 9% 수준이었다. 결국 소셜데이터는 타인에게 자랑할 만한 제품의 경우 고객의 구매 동인에 대해 어느 정도 설명 동인이 있지만 그렇지 않은 경우 데이터를 전혀 확보할 수 없기 때문에 잘못된 판단이 내려질 수도 있다. 소셜데이터 분석만으로 중국 온라인 마켓 해외 직구는 거의 없다고 판단해서 관련 마케팅은 아예 시도조차 하지 않을 가능성이 발생하는 것이다. 소셜데이터라는 새로운 데이터는 고객이 원하는 것이 무엇인지 알려주는 확정적인 데이터로 활용하기에는 여전히 부족하다.

타깃 마케팅에 데이터가 부족한 이유는, 아직도 평균값이나 합으로 통계 처리된 저해상도 데이터로 고객을 바라보고 있기 때문이다. 도수가 안 맞는 안경을 끼고 사물을 보는 것과 같다. 모든 것이 뿌옇게 보일 수밖에 없다. 기존의 타깃 마케팅이 아니라 빅데이터 마케팅으로 생각을 전환해보자. 기업에서 하던 타깃 마케팅은 과거에 수행된 마케팅에 대한 반응 여부를 기준으로 고객을 커다란 두 집단으로 구분해 통계적인 차이점을 분석한다. 하지만 빅데이터 마케팅을 하려면 개별 고객의 구매나 소비 데이터를 하나하나 분석하면서 특정 패턴을 보이는 고객들을 묶어야 하기 때문에 현재 기업 내에 통계분석 툴로는 시간이 많이 걸린다. 기업 내 분석 담당자들이 빅데이터 마케팅을 위해 고객 데이터를 분석하면 마케터가 원하는 일정을 맞출 수 없을 것이다.

빅데이터 마케팅이 영원히 불가능한 것은 아니다. 빅데이터 마케팅의 실제 사례를 보자. 국내 한 유통 기업에서 고객의 소비 데이터를 분석해 이사할 고객의 사전 징후를 분석해달라는 요청을 받은 적이 있다. 분석 담당자는 특정 기간 중에 이사한 고객과 이사하지 않은 고객, 두 그룹으로 구분하여 성별, 연령별, 지역별, 이사 이동 거리 등을 분석했다. 담당자는 이사를 할 경우 가전이나 가구를 구매하거나 인테리어를 새로 하는 경우가 많다는 사실에 착안했다. 그래서 두 그룹 간 이사 징후를 발견하기 위해 이사 직전, 3개월 전, 6개월 전, 세 시기에 가전, 가구 등 이사 관련 업종에 대한 이용률을 비교·분석했다. 그 결과 두 그룹은 이사 관련 업종 소비 차가 6개월 전이 가장 큰 것으로 나왔다. 결국 이사의 사전 징후는 6개월 전 소비 패턴이라는 것이었다.

이사 경험이 있는 사람이라면 이 분석 결과가 의미 있는지 없는지를 판단할 수 있다. 일반적으로 이사를 가는 사람은 6개월 전에 미리 가전제품을 구매하지 않는다. 심지어 이사한 고객과 이사하지 않은 고객의 이사 직전 카드 이용률을 봤더니 이사 관련 업종 소비

금액은 몇 퍼센트밖에 차이가 나지 않았다. 이사한 고객과 이사하지 않은 고객의 차이를 이사 관련 업종 소비로 구별할 수 있다는 분석 담당자의 직관을 설명하기 위해 차이가 극대화되는 기간이 언제인지 시기를 바꿔가면서 찾았기 때문에 이런 결과가 나온 것이다. 단순히 분석 담당자의 직관을 설명하기 위해 데이터 분석 결과에 대해 확증편향적 해석을 하면 이런 결과에 직면할 수밖에 없다.

빅데이터 마케팅을 위한 분석 첫 단계는 과거에 이사한 고객을 한 명씩 분석해서 공통적인 패턴을 찾아내는 것이다. 이사는 굉장히 큰일이기 때문에 이사를 하려는 사람들은 대부분 이사 전에 이사 지역을 방문한다. 이사 지역 사전 조사는 하루 만에 끝낼 수 있는 일이 아니다. 몇 번에 걸쳐 그 지역을 방문해야 한다. 집만 보고 오는 것이 아니라 지역을 둘러보기 때문에 체류 시간이 길어지며 패턴을 찾을 수 있을 만큼 소비가 일어날 것이다.

이런 가설을 수립하고 가설을 입증할 수 있는 데이터를 찾은 결과, 사전 조사 기간에 주로 하는 소비 업종은 주유소, 편의점, 식당 등임을 알 수 있었다. 이렇게 이사한 개별 고객들에 대한 분석을 통해 소비 패턴을 찾은 뒤 이사한 고객들을 공통 패턴으로 묶을 수 있는지 확인하다 흥미로운 사실을 발견했다. 보통 이사 예정 지역에 대한 사전 탐색은 평균적으로 약 이사 100일 전부터 시작되었다. 사전 탐색 기간 중 이사 예정 지역에서의 소비는 전체 소비의 약 9% 정도이고 소비 업종은 처음에 수립한 가설보다는 좀 더 다양한 것으로 분석되었다.

　이사하지 않은 고객층도 개별 고객별로 소비 변화를 분석해봤다. 이사를 가지는 않았지만 비즈니스나 기타 이유 등으로 타지 생활을 하는 사람들, 부모나 친척을 일정 기간 방문할 수밖에 없는 경우도 유사한 소비 패턴이 일어난다는 사실을 발견했다. 방문 고객들과 이사 고객을 구별할 수 있는 데이터를 찾기 위해 개별 고객의 소비 패턴을 분석한 후 공통된 소비 패턴을 다시 묶는 방식을 사용하자 이사 예정 지역에서 탐색 소비와 관련된 새로운 분석 데이터를 찾을 수 있었다. 이런 과정을 통해 어느 정도 확률적 정확도를 가지고 특정 시점에 이사하는 고객의 사전 징후를 분석하는 것이 가능해졌다. 또한 원거리 이사 고객과 단거리 이사 고객의 소비가 다르다는 사실도 알게 되었고, 고객의 탐색 소비 유형을 통해 이사 예상 거리도 구별할 수 있다는 새로운 가설도 수립할 수 있었다. 당연한 말이지만, 원거리로 이사하는 고객은 일찍 출발하기 때문에 예정 지역에서 오래 체류하며 소비 빈도도 높게 나타난다. 이외에도 추가로 발견된 여러 가설을 입증할 데이터들을 찾아낸다면 이사하는 고객을 타깃으로 하는 빅데이터 마케팅이 가능해질 것이다.

　빅데이터 마케팅을 가능하게 하려면 분석 방식을 혁신적으로 바꿔야 한다. 앞에서도 언급한 분석 첫 단계를 반드시 수행해서 기업 내에 숨어 있는 데이터를 찾아내야 된다. 분석의 방식도 전체 고객을 몇 개 집단으로 나누어 통계적으로 분석하는 타깃 마케팅 분석

　　　　　　　　　　　　　　　돈이 보이는 빅데이터

방식에서, 머신러닝 알고리즘을 고객별로 적용해 다양한 소비 패턴을 찾아내고, 여러 패턴 중 다른 고객들과 동일한 소비 패턴을 머신러닝 알고리즘을 활용해 묶어내는 빅데이터 마케팅 분석 방식으로 바꿔야 한다. 타깃 마케팅이 망원경으로 고객을 본다면 빅데이터 마케팅은 현미경으로 고객을 본다. 빅데이터 마케팅을 하면 고객들이 보이는 소비 특성에 따라 고객 집단의 크기가 정해질 것이다. 세분화된 고객 집단에 속한 고객들은 공통된 소비 패턴을 갖고 있기 때문에 당연히 마케팅 반응률도 높을 것이다.

2

사전 문제 예측으로 생산비용 줄이기

제조 기업들도 설비나 생산 관련 장비에서 발생하는 데이터를 많이 보유하고 있다. 생산에 사용되는 고가의 설비들은 대부분 기계 상태 모니터링이 가능하다. 1/1000초 단위의 아주 상세한 데이터를 제공해주기도 한다. 기계 고장이나 이상에 대한 사전 진단에 이런 빅데이터를 유용하게 활용할 수 있지만, 제조 기업들 대부분은 기계를 진단할 때 설비나 생산관리 업무 담당자의 경험에 기반한 전문가 시스템에 의존하거나 설비를 중지시키고 물리적으로 점검한다. 현장 설비나 생산관리 업무 담당자들은 기업 내 분석가들이 데이터를 분석해서 사전 불량 예측 알고리즘을 만들어준다고 해도 잘 믿지 않는다. 과거에도 비슷한 시도들이 많이 있었지만 성공한 적은 거의 없기 때문이다.

제철 관련 기업에서 빅데이터 분석 프로젝트 자문을 수행했던 경험이 있다. 여러 과제들이 동시다발적으로 진행되었는데 그중 하나가 선상 스케일이라 불리는 불량을 사전에 예측할 수 있는 알고리즘을 만드는 거였다. 용광로에 쇳물을 부으면 흘러내리면서 두꺼운 판 모양의 슬래브Slab가 된다. 쇳물이 슬래브가 될 때 바깥쪽 쇳물이 공기 중 산소와 결합하면서 슬래브 바깥쪽에 슬래그Slag라고 불리는 검은색 찌꺼기가 형성된다. 슬래브가 식어서 고체가 되면 슬래그를 제거하는 게 일반적인데, 간혹 휘어지는 곡선 구간에서 슬래그가 부서지면, 아직 액체 상태인 슬래브 안쪽으로 유입되는 경우가 발생한다. 이런 경우 슬래브를 연속적으로 압축해서 얇은 강판 형태로 만드는 압연 과정에, 유입된 슬래그도 함께 압연된다. 슬래그가 압연되면서 슬래브에 선 모양으로 강도가 약한 부분이 생기는데 이를 선상 스케일이라 부른다.

제철소에서는 이런 불량 발생을 사전에 예측하고자 그동안 설비에서 수집된 엄청난 양의 데이터에 수작업으로 불량 여부를 체크했다. 과제 목표는 이렇게 축적된 빅데이터를 분석해서 선상 스케일이 발생하는 설비의 특정 조건을 찾아내는 것이었다. 기업 내 분석가들이 계속해서 실패했기 때문에 글로벌 IT기업이 과제를 맡게 되었다. 하지만 상당한 시간이 흘러 과제를 종료해야 하는 시점이 얼마 남지 않았을 때도 개발된 알고리즘의 정확도는 그리 만족할 만한 수준이 아니었다. 문제를 해결하기 위해 제철소에 직접 가서 그동안 진행한 분석 과정을 상세히 살펴봤다. 역시 분석 첫 단계를 생략한 채 두 번째 단계만 수행하고 있었다. 글로벌 IT 기업은 제철소 업무 담당자에게 불량 여부를 입력한 데이터를 받았다. 많은 분석가들을 투입해 알고리즘 학습을 위한 다양한 데이터 조합을 만들었고, 그 결과 회귀분석을 기반으로 한 엄청난 수의 불량 사전 진단 알고리즘이 만들어졌다. 알고리즘 수가 너무 많아 일일이 확인하지는 못했지만 알고리즘 학습에 사용한 데이터들을 조사해본 결과 불량 사전 진단에 유의미한 데이터는 거의 없었다.

설비 공급 업체는 제조 기업에 설비를 설치하면서 기업이 설비 상태를 볼 수 있게 세팅을 해준다. 하지만 설비의 모든 데이터를 제공하려면 데이터를 저장할 추가 저장장치가 필요하기 때문에, 많은 설비 공급 업체들은 기업이 필수적으로 알아야 하는 데이터만 저장하게 하고 나머지 데이터는 요청을 받아야 제공한다. 설비 공급 업체는 이 부분이 사용설명서에 있다고 말은 하지만, 제조사 설비 운영 인력 대다수는 추가 데이터가 존재하는지 모르는 경우도 있다.

현재 제조 기업 대부분이 설비 데이터 전부를 활용하지 않지만 언젠가 새로운 알고리즘이나 분석 기법이 등장하면 해결하지 못하던 문제들을 해결하는 데 사용할 수 있을 것이라는 기대감 때문에 많은 양의 데이터를 저장하려고 한다. 하지만 설비 하나에 센서 여러 개가 부착되어 있고 각 센서에서 1/1000초 단위로 데이터가 생

돈이 보이는 빅데이터

성될 수도 있다. 설비가 여러 대라면 순식간에 엄청난 양의 데이터가 쌓일 것이다. 지금 당장 활용하지도 못하고 몇 년 혹은 몇십 년간 저장해야 할지도 모르는 거대한 데이터를 전부 저장한다면 엄청난 투자를 해야 하기 때문에 보통은 설비에서 나오는 원천 데이터를 1/100초나 1/10초 단위로 평균한 값을 저장하는 경우가 많다. 이미 통계 처리된 데이터인 것이다.

설비와 같은 기계 장치 고장은 갑자기 발생하는 게 아니라 일련의 과정을 거치며 발생한다. 정상 상태에서 고장 상태로 전이될 때 발생하는 데이터를 분석하면 정상 상태나 고장 상태와는 전혀 다른 데이터 패턴이 나오기 마련이다. 이런 특정 패턴을 찾아낼 수 있어야 설비 고장에 대한 사전 예측이 가능하다. 불량도 마찬가지다. 정상 상태로 잘 작동되던 설비가 갑자기 불량 상태로 진입한다면, 그 중간에는 특정 전이 패턴이 존재한다. 헬리콥터 프로펠러를 구동하는 기어가 언제 고장 날지 예측하는 알고리즘 개발을 위해 데이터를 분석해보면 멀쩡하던 기어의 이빨이 어느 날 갑자기 툭하고 부러지는 경우는 없다. 기어 이빨의 뿌리부터 서서히 균열이 진행되다 어느 정도 시간이 지나야 부러진다.

〈그림 5-1〉은 데이터를 평균낼 때 데이터에 존재하는 특정 패턴이 사라지는 경우를 두 가지 패턴으로 시각화한 것이다. 두 데이터 패턴을 평균한 값은 모두 1이다. 그림으로 보면 원천 데이터의 패턴이 서로 다르다는 것을 직관적으로 알 수 있지만 평균한 값만 보고

그림 5-1 평균값은 같으나 패턴이 다른 두 시그널 예시

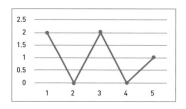
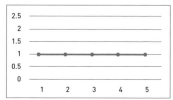

원천 데이터를 보지 않는다면, 두 데이터를 동일한 데이터로 착각할 것이다.

간혹, 인공지능 학습에 빅데이터가 중요하기 때문에 기업 내에 있는 데이터들을 전부 저장하면 좋은 거 아니냐고 묻는 경우가 있다. 꼭 그렇지는 않다. 나중에 활용하려 데이터를 저장하더라도 분석 첫 단계를 제대로 수행해야 한다. 1/1000초 데이터를 1/100초나 1/10초 평균값으로 저장할 때 〈그림 5-1〉처럼 패턴이 뭉개지는 현상이 발생하는지 조사하는 게 우선이다. 영향을 받지 않는 데이터들은 평균값으로 저장하면 되지만 원천 데이터 내에 존재하는 패턴이 뭉개지는 경우는 원천 데이터 그대로 저장해야 한다.

선상 스케일이라는 불량 사전 진단 알고리즘을 개발하던 글로벌 IT 기업은 분석 첫 단계를 제대로 거치지 않았다. 분석 첫 단계를 제대로 수행했다면, 평균 처리된 데이터가 유의미한 정보가 아니라는 것을 인지하고, 원천 데이터를 분석해서 정확도를 높였을 것이다. 물론 분석가들이 설비 불량이나 고장을 사전에 예측하는 알고리즘을

돈이 보이는 빅데이터

개발한 경험이 없어 전이 패턴이 존재하는지 몰랐던 것도 문제였지만, 분석 첫 단계를 수행했다면 적어도 문제가 무엇인지는 알았을 것이다.

프로젝트 종료까지 시간이 얼마 남지 않아 분석 첫 단계를 깊이 수행하지는 않았지만 원천 데이터에서 숨은 패턴을 찾는 작업을 진행했다. 많은 분석가들이 원천 데이터를 시계열로 시각화해서 불량이 발생했을 때와 정상일 때를 시그널(데이터가 연속적으로 모여서 〈그림 5-1〉의 두 패턴처럼 특징적인 모습을 갖는 데이터 집합체를 보통 시그널이라고 부른다. 전류나 전압과 같은 자연적인 아날로그 시그널과 대비하기 위하여 이 두 패턴은 디지털 시그널이라고 부른다)로 표현한 뒤 서로 다른 패턴이 존재하는지 눈으로 찾았다. 다행히도 차이가 나는 몇 가지 패턴을 발견할 수 있었다.

분석 첫 단계를 통해 발견한 또 다른 수확이 있었다. 저장된 데이터에 수작업으로 추가된 불량 유형이 굉장히 세분화되어 있었는데, 세분화된 불량 유형을 학습하기엔 충분한 데이터가 없었다. 차원의 저주가 발생했던 것이다. 그래서 세분화된 불량 유형을 불량 하나로 단순화했다. 유형은 세분화되어 있는데 정상 데이터가 굉장히 많고 불량 데이터가 적으면 머신러닝 알고리즘이 오답을 낼 가능성이 높아지기 때문이다. 알고리즘이 세분화된 유형들을 불량과 정상, 두 가지로 구별하도록 바꿔주면서 차원의 저주로 생기는 데이터 부족 현상을 해결했다. 분석을 통해 발견한 패턴 존재 여부를 분석변수로 활용하고 불량 유형을 단순화한 결과 불량 사전 진단 알고리즘의 학습 정확도가 약 95% 정도로 높게 나타났다. 이후 제철소 자체적으로 불량 유형별 원천 데이터를 더 많이 확보했고, 세분화된 불량 유형별로 사전 진단 알고리즘을 개발하는 프로젝트가 추가로 진행되었다.

빅데이터 분석은 각 단계별 반복 루프도 있지만 첫 단계부터 마지막 단계까지 반복 루프도 존재한다. 첫 단계를 생략할 경우 전체 단계 반복 루프가 깨지면서 머신러닝 알고리즘이 제대로 학습되지 못할 가능성이 매우 높다. 앞에서 설명한 대로 과거에는 분석 첫 단계를 깊게 수행하지 않고 기업 내에 있는 데이터만으로도 많은 과제를 해결할 수 있었다. 분석 두 번째 단계부터 수행해도 문제가 없었던 것이다. 하지만 어느 정도 규모가 있는 기업이라면, 분석 두 번째 단계로만 해결할 수 있는 쉬운 과제들은 더 이상 없을 것이다.

기업 내 분석가들이 기존에 했던 대로 빅데이터를 분석 두 번째 단계에서만 활용하다 보니 실제 업무에 적용할 수 있는 알고리즘이 개발되지 못하고 있다. 하지만 이런 분석은 빅데이터의 등장으로 급변하는 분석의 패러다임에 적합하지 않다. 기업 내 분석가들이 딥러닝과 같은 인공지능 알고리즘의 성능만 믿고 빅데이터 분석 단계를 제대로 지키지 않는다면, 머신러닝이나 인공지능 알고리즘은 쓸모가 없다. 재주를 넘을 빅데이터가 있어야 머신러닝이나 인공지능으로 돈을 벌 수 있다.

돈이 보이는 빅데이터

3

핵잠수함의 전투력을 올린 미 해군

미국 핵잠수함 중 가장 큰 시울프급 잠수함은 한 대 가격이 4~5조 원 정도다. 이 초고가의 최첨단 전투 장비를 단 한 번의 고장으로 무용지물로 만들 수 있는 부품이 있다. 바로 고압공기압축기High Pressure Air Compressor, HPAC다. 일반적으로 핵잠수함은 한번 잠수하면 최장 6개월간 수면에 올라오지 않고 임무를 수행할 수 있기 때문에 고압공기압축기가 승무원들의 호흡에 매우 중요할 거라고 생각하겠지만, 더 중요한 이유가 있다. 잠수함 앞뒤에는 물고기의 부레와 같은 역할을 하는 탱크가 있다. 앞부분에 공기를 채우고 뒷부분에 물을 채우면 잠수함 앞이 가벼워지면서 수면 위로 올라오게 된다. 반대로 앞부분에 물을 채우고 뒷부분에 공기를 채우면 앞이

그림 5-2 시울프급 잠수함

무거워지면서 바닷속으로 더 깊이 들어간다. 잠수함 앞뒤로 공기를
얼마나 빨리 채우느냐가 작전에 매우 중요한 역할을 하는 것이다.

　공기압축기는 두 가지 형태가 있다. 하나는 누르는 힘으로 압력
을 가하는 피스톤 방식이고, 또 다른 하나는 회전하는 힘으로 압력
을 만들어 압축시키는 방식이다. 냉장고와 같은 가전제품에 많이
쓰이는 터빈 형태다. 터빈 방식의 공기압축기가 고장이 덜 나기 때
문에 대부분 터빈 방식을 사용하지만, 핵잠수함처럼 아주 높은 고
압이 필요한 경우 어쩔 수 없이 피스톤 방식의 공기압축기를 사용

해야 한다. 문제는 피스톤 방식의 공기압축기는 마찰로 고열이 발생하기 때문에 부품이 빠르게 파손되거나 마모된다는 것이다. 언제 파손될지 예측할 수도 없다. 핵잠수함은 한번 고장 나면, 수면 위로 빨리 나와야 하기 때문에 고장 여부와 관계없이 제품의 최단 수명을 근거로 정기적인 부품 교체가 이루어진다. 결국 핵잠수함은 많은 양의 고압공기압축기 교체용 부품을 싣고 다닐 수밖에 없다.

미국에서 데이터 마이닝을 공부하던 1998년, 미 해군연구소는 필자가 속한 분석 그룹에 고장 사전 예측 알고리즘 관련 데이터 분석을 의뢰했다. 당시 미 해군은 고압공기압축기의 주요 부품을 최소 수명 기준으로 교체하는 것이 아니라, 교체 시기를 예측해 최대 수명까지 부품을 활용하고 싶어 했다. 만약 그럴 수 있다면 교체 날짜를 잡을 수 있기 때문에 싣고 다녀야 하는 부품 수가 줄어들고 빈 공간에 공격용 무기를 더 실을 수 있다. 물론 핵잠수함에는 고압공기압축기 정비 전문가들이 승선한다. 정비 전문가들은 데이터 분석 결과와 전문 지식을 결합해 고장 여부를 진단했지만, 정확도가 70% 정도였기 때문에 정비 전문가들에게 의존하기에는 한계가 있었다. 고압공기압축기의 유지 보수를 위해 보다 정확히 예측할 수 있는 새로운 알고리즘이 필요했다.

이 일을 담당한 미 해군연구소와 데이비드 테일러 연구소David Taylor Research Center, DTRC는 새로운 머신러닝 기법으로 각광받던 인공신경망 알고리즘을 개발하는 데 착수한 게 아니라, 가장 먼저

그림 5-3 핵잠수함에 사용되는 고압공기압축기 형상도

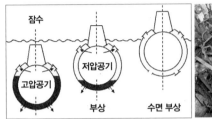

분석에 필요한 데이터를 새로 수집했다.

고압공기압축 시스템에는 고압공기압축기가 4개 있다. 첫 번째 고압공기압축기에서 압력이 높아진 공기를 두 번째 고압공기압축기로 보내 압력을 더 높이는 식이다. 압축기 4개를 직렬로 연결해서 단시간에 압력을 높인다. 미 해군 정비 전문가들도 4개 고압공기압축기의 흡기와 배기밸브의 압력을 측정한 총 8개 변수들을 분석해서 고압공기압축기의 주요 고장 원인이 흡기와 배기밸브에서의 공기압 유출이라는 것을 알고 있었다. 하지만 기존 8개 데이터로는 분석의 유의미성을 충분히 찾을 수 없었기 때문에 빅데이터 분석 첫 번째 단계를 수행했고, 새로운 변수를 찾아냈다. 하지만 새로운 변수에 대한 측정값이 기존 데이터에 포함되어 있지 않았기 때문에 미 해군은 실험실을 만들었다.

정비 전문가가 지적한 고장 유형에 따라 엄청난 수의 고압공기압축기 데이터를 1초 단위로 수집했다. 수집 시기를 알려주는 년, 월,

일, 시간, 분, 초, 이 6개 변수 외에 39개 변수에 대한 데이터가 수집됐다. 당시에는 펜티엄3 CPU에 20GB 하드디스크와 16GB 메모리가 장착된 컴퓨터가 최고 사양의 컴퓨터였다. 미 해군연구소에서 수집한 데이터 양은 현재 컴퓨팅 처리 속도에 비교해도 정말 빅데이터였다.

미 해군연구소는 데이터 축적 후 자체 분석을 시도했지만 기대했던 성과를 거두지 못해서 당시 필자가 속한 분석 그룹이 분석 기회를 갖게 됐다. 연구소에서 받은 데이터는 두 가지 고장 유형과 정상 상태일 때 측정된 센서 데이터들이었다. 지금도 기억나는 것은, 서로 다른 고압공기압축기를 식별할 수 있는 데이터 외에 모든 데이터 레이블을 제거하고 변수 1, 변수 2와 같은 형태로 레이블이 달려 있었다. 데이터도 실제 측정한 값들이 아니라 0과 1 사이로 정규화된 형태의 변환된 데이터였다. 고압공기압축기 관련 전문가의 지식으로 분석 결과를 조정하는 행위 자체를 차단하고, 순수하게 데이터 분석만으로 문제를 해결할 수 있는지 평가하고자 한 것이다. 그들의 보안 기법이기도 했다. 자신들에게 중요한 외부 정보를 제공하는 것이기 때문에 원래 데이터가 무엇인지 알 수 없게 한 것이다.

많은 데이터 분석 알고리즘이 개발된 지금도 그렇지만, 그때도 모든 문제를 해결할 수 있는 전지전능한 분석 알고리즘은 세상에 없었다. 따라서 고압공기압축기 고장 사전 예측 알고리즘 개발이 성공하려면 데이터 형태에 맞는 분석 알고리즘을 선정하는 게 중요했다.

이 작업에 지도 학습과 자율 학습이 쓰였기 때문에 실제 사례에 대입해 다시 설명해보려 한다. 지도 학습은 핵잠수함의 고압공기압축기 데이터처럼 고장 유형을 사전에 미리 알고 있어서 수집한 데이터에 고장 유형이 같이 포함된 경우를 말한다. 즉, 수집한 데이터 하나마다 맨 마지막에 정상인지, 고장 유형 1번인지, 2번인지가 학습을 위한 목표값으로 추가되어 머신러닝 학습을 위한 분석 데이터 세트에 같이 포함된 것이다. 따라서 각각 데이터들이 속한 정상 혹은 고장 유형별로 데이터를 구별할 수 있는 분류 알고리즘을 사용하게 된다.

반면에 자율 학습은 사전에 데이터가 어디에 속하는지 모르는 경우다. 자율 학습으로 머신러닝 알고리즘을 구현하려면, 먼저 데이터를 분석해서 각 데이터들이 어디에 속하는지 결정해야 한다. 주로 군집분석이나 패턴분석 같은 기법을 통해 데이터들을 몇 개의 군집이나 패턴으로 구분하는 작업이 선행된다. 그리고 분석된 군집이나 패턴을 각 데이터들의 목표값으로 임시 설정해서 자율 학습을 지도 학습으로 변환해야 한다. 이 과정을 여러 번 반복해서 각 데이터들이 최적의 군집이나 패턴에 속하도록 학습한다. 최종적으로는 지도 학습 알고리즘을 활용해야 하기 때문에 분석 속도가 상당히 느려지게 된다.

실제 업무에서 발생되는 데이터 대부분은 어디에 해당하는지 모

돈이 보이는 빅데이터

르는 경우가 많아서 자율 학습 기법을 사용해야 한다. 하지만 자율 학습이 필요한 데이터를 지도 학습 데이터로 만들기 위해 군집이나 패턴을 부여할 때 제대로 부여하지 못하면, 학습의 정확도는 학습한 데이터에만 맞는 과적합 상태가 돼버린다. 이런 머신러닝을 실제 업무에 적용하면 예측 정확도가 형편없게 나온다.

미 해군연구소가 실제 업무에서 데이터를 수집하지 않고 새로운 데이터 수집을 위해 실험실을 만든 이유는, 지도 학습에 쓰일 데이터를 빠르게 분석하기 위해서다. 하지만 실험실에서 데이터를 수집해도 오류가 발생할 가능성은 있다. 실제로 고압공기압축기 데이터 분석에 필요한 알고리즘을 선정하기 위해 분석 첫 단계인 데이터 분석을 수행할 때 이상한 현상이 발생했다. 최적의 지도 학습 알고리즘을 선정했지만 정상 상태와 나머지 고장 유형 두 개가 분리되지 않고 일정 부분 겹치는 바람에, 고장 사전 예측 정확도가 핵잠수함 정비 전문가들의 예측보다 약간 높은 수준 정도로만 나와 크게 개선이 되지 않았다.

이때 차원 축소 기법을 활용해 45차원의 변수를 2~3차원의 변수로 축소해서 시각화 분석을 했다. 시각화 분석으로 정상 상태와 두 가지 고장 상태가 중첩되는 부분의 데이터들이 원래 군집과 떨어져 보인다는 걸 알게 되었다. 다른 기법을 활용해 여러 차례 검증해도 결과는 똑같았다.

또 다른 고장 유형일 가능성을 배제할 수 없어 미 해군연구소에

데이터 세트	첫 번째	두 번째	세 번째	네 번째	다섯 번째	평균
정확도	97.6%	97.9%	97.7%	96.8%	96.8%	97%

표 5-1 고압공기압축기 데이터 고장 사전 진단을 위한 모형 성능

분석 결과를 통보했다. 미 해군연구소는 지정된 데이터들이 수집된 고압공기압축기를 분해하면서까지 조사했다. 그 결과 고압공기압축기의 피스톤 링 부식 때문에 발생한 새로운 고장 유형임을 알아냈다. 연구소는 새롭게 추가된 고장 유형 3개에 대한 데이터를 다시 수집했다. 필자가 속한 분석 그룹은 정상 상태 1개와 고장 유형 3개를 포함한 새로운 데이터를 받았다. 고객 측이 제공한 데이터에 목표값이 부여돼 있어서 지도 학습을 사용할 수 있는 경우라도 일단 자율 학습으로 가정하고 분석 첫 단계에서 데이터 특성을 다시 한 번 살펴봐야 한다. 고객이 제공한 지도 학습 데이터에도 오류가 포함됐을 가능성이 있기 때문이다.

이렇게 새롭게 수집된 데이터를 80%는 학습 데이터로, 20%는 테스트 데이터로 구분해서 랜덤 데이터 세트를 5개 만들었다. 퍼지로직의 멤버십 함수를 설계한 뒤 이를 인공신경망으로 학습시켜 멤버십 함수, 인공신경망 개수, 뉴런 수와 뉴런 내 함수들을 최적화시켜서 〈표 5-1〉의 정확도를 얻을 수 있게 됐다.

이 결과는 미 해군연구소에 의해 검증되었고, 결과에 고무된 연

구소는 베일에 싸여 있던 두 가지 고장 유형이 흡기밸브와 배기밸브의 고장 유형이라는 것과 제공된 데이터들이 무엇을 의미하는지에 대해서도 정보를 제공했다.

4

비행기 엔진으로 새로운 비즈니스를 만든 GE

GE General Electric(전력·항공·헬스케어·운송 등의 분야에서 사업하는 글로벌 인프라 기업)가 사물인터넷Internet of Things, IoT을 이용한 항공기 엔진 진단 사례를 발표하기 전까지는 GE가 항공기 엔진을 제조한다는 사실을 아는 사람이 많지 않았다. GE는 항공기 엔진을 만들어 보잉 같은 항공기 제조사에 납품하고, 항공기 제조사는 이를 대한항공 같은 항공사에 판매한다. 항공기 엔진은 지속적인 관리가 필요하기 때문에, 항공사는 항공기 제조사가 아닌 엔진을 제조한 GE와 20~30년 정도 장기간의 유지 보수 계약을 맺는다.

해외여행을 갈 때 탑승했던 항공기가 정비를 위해 격납고에 들어가면 항공기 엔진에 탑재된 각종 센서 데이터가 아마존 웹서비스를 통해 GE에게 제공된다. GE는 이 데이터들을 분석해서 고장 발생 가능성이 높은 부품들의 목록과 교체 시기를 알려준다. 항공사 정비 인력들은 GE가 주는 정보에 따라 부품을 교체한다. GE는 자신들이 생산하는 발전소용 터빈과 의료용 장비에 대해서도 이런 사업을 한다. 2012년 미국 코네티컷주의 GE 본사를 방문했을 때 GE 발전소용 터빈의 전 세계 시장 점유율이 약 50%에 육박한다고 들었다.

GE는 이 사업을 하기 위해 1999년에 이미 실험실을 구성했다. 항공기 엔진 51대를 놓고 전문 엔지니어들로 이뤄진 팀을 만들어 이들이 알고 있는 고장 유형별로 데이터 수집 및 분석을 시도했다. 항공기 엔진은 한 대에 20~30억 원 정도다. 좀 큰 비행기에는 엔진 4개가, 작은 비행기에는 엔진 2개가 장착돼 있다. 비행기 한 대에 엔진 가격만 최소 40억에서 최대 120억인 셈이다. GE는 항공기가 아니라 데이터 수집을 위해 엔진 51개를 사용했다. 데이터 수집을 위해 약 2~3천억 원을 사용한 셈이다. 그만큼 투자를 할 만한 사업이었던 것이다.

GE가 실험실을 만들어 빅데이터를 수집한 이유를, 항공기 엔진 고장 분석변수 중 하나인 엔진 마모도로 예를 들어 설명하려 한다. 엄청난 양의 비행기 운행 데이터를 분석해보면 엔진 마모도가 교체 기준 이상으로 넘어가는 경우는 없다. 이렇게 수집된 데이터로 사전 고장 예측 알고리즘을 학습시키면 교체 기준 이상의 마모도에서 엔진이 정상인지, 고장 상태로 전이될지 정확히 예측할 수 없다. 그렇다고 마모도 0~100% 사이 데이터를 1% 단위로 수집하면 차원의 저주가 발생하게 된다. 따라서 25% 단위로 수집해 다섯 구간으로 구분한다.

항공기 엔진 고장은 바로 대형사고로 이어진다. 엔진을 제조하는 GE는 관련 업체들에게 아주 높은 신뢰도를 줘야 한다. 1990년대 후반에도 항공기에 고장 유무를 사전에 진단할 수 있는 알고리즘이 탑재돼 있긴 했지만 신뢰도가 확보되지 않아 조종사들에게 무시당하기 일쑤였다. 따라서 비행기 엔진 부품 중 고장이 날 만한 부품은 최소 수명을 기준으로 교체할 수밖에 없었다. 비행기 엔진은 부품도 고가이기 때문에 항공사들은 막대한 유지 보수 비용을 지불해야만 했다. GE는 항공사의 고민을 새로운 비즈니스 영역으로 생각해서 신뢰도가 높은 고장 사전 예측 알고리즘을 개발하고자 했다. 이렇게 하면 항공기 엔진 시장에서 점유율을 높일 수 있을 뿐만 아니라 진입장벽이 높아져 다른 항공기 엔진 제조 업체가 함부로 진입할 수 없게 된다. GE는 실험에 투자한 비용 이상에 수익을 낼 수 있는 가능성을 본 것이다.

GE 중앙 연구소가 수집한 데이터는 총 72개 변수로 구성되어 있고, 그중 3개 변수가 수집된 엔진이 어떤 것인지 의미하는 데이터였다. 즉 69개 변수는 실제 엔진에서 1/1000초 단위로 측정된 데이터 값이었다. 여기에는 GE 전문 엔지니어들이 추천한 12개 분석변수도 포함되어 있었다.

돈이 보이는 빅데이터

그 당시 컴퓨팅 수준으로는 이 정도 규모의 데이터 분석은 거의 불가능에 가까웠다. GE 중앙 연구소는 인공신경망이 어려운 분석 문제를 모두 해결할 거라는 믿음이 있었기에 최고 성능 슈퍼컴퓨터를 도입했다. 천문학적인 금액을 투자해 데이터를 수집하고 슈퍼컴퓨터까지 도입했지만, GE 중앙연구소의 인공신경망 기반 고장 사전 예측 알고리즘의 정확도는 50% 미만이었다. 당시 필자의 지도교수는 GE가 정확도 50% 알고리즘에 어마어마한 투자를 했다는 걸 알고 차라리 본인을 고용하라고 했다. 엔진 고장 유무를 아무 지식 없는 사람이 판단해도 확률은 50% 정도여서 한 농담이었다.

미 해군 고압공기압축기 경험을 통해 얻은 교훈대로 자율 학습으로 가정해서 분석 첫 단계인 데이터 분석을 시작했다. 72개 변수는 분석 관점에서는 72차원을 의미한다. 항공기 엔진의 복잡성은 고압공기압축기보다 높기 때문에 항공기 엔진 전문 엔지니어들의 고장 유무 진단 정확도가 낮을 수밖에 없었다. 어떤 변수가 분석에 유의미한지 알 수 없어 가능한 한 많은 데이터를 수집하려고 하다 보니 변수가 72개나 수집된 것이다. 현재 빅데이터를 수집하려는 기업들이 어떤 데이터가 유용한지 모르기 때문에 일단 많은 데이터를 확보하려는 것과 동일하다.

따라서 엔진 고장 유형 분석을 판단하기 위해 가능한 모든 경우의 수에 대한 데이터 수집이 이루어졌다. 엔진이 정상 상태에서 수명이 다할 때까지 25% 단위로 데이터가 측정되었다. 또 다양한 엔진 부하 측정을 위해 가속밸브를 46도에서 80도까지 2도 단위로, 앞서 언급한 25%씩 다섯 가지 수명 단위에 따라 데이터가 측정되었다. 또한 각 측정 센서들의 보정값도 데이터에 포함되어야 했다.

GE가 수집한 데이터를 직접 눈으로 보며 이해하기 위해 다시 차원 축소 기법을 활용해 시각화 분석을 했다. 데이터 분석변수의 개수가 늘어난 것도 문제였지만 각 분석변수의 가능한 한 모든 경우에 대해 데이터를 수집했기 때문에 세로축 데이터 수 자체도 엄청나게 많았다. 전형적인 차원의 저주 사례였다. 처음 데이터 분석을 했을 때 시간이 많이 걸려도 더 많은 정보를 얻기 위해 2차원 축소를 시도했다. 차원 축소 기법에 기초한 시각화 알고리즘을 통해 2차원 그래프가 도출됐는데 정상 상태 데이터와 고장 데이터가 완벽하게 겹쳐서 전혀 분리될 것 같지 않았다.

GE가 수집한 분석변수를 그대로 활용했기 때문에 수집한 분석변수 중에 고장과 정상 상태의 특징을 표현할 특징변수가 없다는 결론을 내렸다. 또 차원 분석에 기초한 시각화된 결과물을 육안으로 보면 특징변수를 찾을 수 있는데, 항공기 데이터는 분석변수가 72개로 너무 많기 때문에 그 조합을 일일이 눈으로 보면서 추론한다는 것 자체가 불가능했다. 따라서 머신이 기존 데이터를 자동으로 결합해서 성능을 극대화하는 특징변수들을 찾는 새로운 머신러닝 알고리즘을 개발해야 했다. 머신러닝 기반의 특징변수 추출 알고리즘이 탄생하는 순간이었다. 이 알고리즘 개발을 통해 항공기

돈이 보이는 빅데이터

그림 5-4 비행기 엔진 13개 데이터의 특징변수를 찾아 1차원으로 시각화한 결과

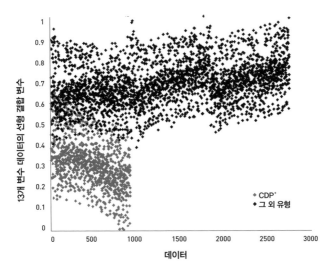

• Compressor Discharge Pressure. 비행기 엔진을 식히면서도 얼지 않게 하려면 공기를 압축해서 고온으로 만든 뒤 제공해야 한다. 이 고온 공기를 만드는 공기압축기의 배기 압력을 의미한다.

엔진 전문 엔지니어들이 말한 12개 주요 변수들이 실제로 주요 변수들이라는 것도 검증하였다. 하지만 이 변수들은 다른 변수 하나의 값이 변하면 같이 변한다는 사실도 발견했다. 그래서 새로운 특징변수 1개를 찾아 기존 12개 변수에 추가함으로써 〈그림 5-4〉처럼 파란색 고장 유형을 다른 유형들과 분리할 수 있게 되었다. 머신러닝 기반의 특징변수 추출 알고리즘을 만들지 않았다면 불가능할 일이었다. 그림을 보면 알 수 있듯, 분석에 필요한 특징변수를 제대로 찾아낸다면 1차원으로 축소해도 분석이 가능하다.

GE는 자사에서 만드는 다양한 제품에 머신러닝 기반의 고장 사전 예측 알고리즘을 연결해서 '원격 모니터링 및 진단 서비스Remote Monitoring & Diagnostic as a Service'라는 이름으로 상용화했고, GE의 전문 분석가 약 50여 명이 미국 조지아주 애틀랜타 원격 모니터링 센터에서 전 세계에서 매일 수집되는 약 40TB의 데이터를 분석하며 알고리즘의 정확성을 개선하고 있다. 2014년 GE는 자사 고객들이 고장 사전 예측 알고리즘 덕분에 약 700억 원에 달하는 비용을 절감했다고 공식 발표했다.

PART

6

돈이 보이는
빅데이터
가이드라인

1

시행착오로 완성되는 빅데이터

요즘 머신러닝 등 빅데이터와 관련된 무료 인터넷 강의와 책들이 많이 나와 일반인들이 다양한 학습 기회를 얻고 있다. 강연이나 책에 소개된 여러 알고리즘을 학습하고 알고리즘을 학습용 데이터에 적용해보면 어느 정도 빅데이터 분석에 자신감을 갖게 된다. 하지만 업무 현장은 다르다. 실제 업무에 머신러닝 알고리즘을 활용하는 건 간단한 일이 아니다.

강연이나 책은 고도로 정제된 데이터를 사용한다. 데이터를 정제했다는 건, 학습 대상 알고리즘에 데이터를 적용했을 때 높은 정확도가 확보될 수 있도록 사전 작업을 많이 했다는 의미다. 실제 업무에서 수집되는 데이터는 경우에 따라 노이즈가 존재할 수 있기 때문에, 분석가가 데이터에 포함된 노이즈를 사전에 일일이 제거해야 한다. 보통 분석 첫 단계에서 수집된 데이터들을 정제하는데, 이런 데이터로 알고리즘을 학습시켜도 강연이나 책에 사용된 데이터처럼 높은 정확도를 보장하지는 않는다. 과거 대비 탁월한 성능을 가진 다양한 특징변수 추출 알고리즘이 개발되고는 있지만, 알고리즘마다 각각 장단점이 있기 때문에 분석하려는 데이터 특성과 목적에 맞게 그때그때 반복적으로 최상의 알고리즘을 선택해야 한다. 결국 빅데이터 분석에서 시행착오는 선택사항이 아니라 피할 수 없는 필수사항이다.

더군다나 빅데이터 분석 과정은 각 단계가 독립적이지 않고 연속된 일련의 공정처럼 서로 연관되어 있기 때문에, 분석하고자 하는 데이터와 목적에 적합한 최적의 알고리즘을 선정하지 못하면 모든 분석 과정에 영향을 미친다. 만약 현재 단계에서 만족할 만한 정확도가 나오지 않으면 항상 이전 단계를 살펴봐야 하는 것이다. 컴퓨터가 오류가 나서 제대로 켜지지 않고 꺼졌다 켜지며 무한부팅을 하는 것처럼, 빅데이터 분석도 한번 오류가 나면 무한루프에 빠지는 상황이 발생할 수 있다. 분석의 무한루프는 어떤 데이터 분석이든 적용만 하면 훌륭한 결과를 내는 마법 지팡이 같은 알고리즘이 존재하지 않기 때문에 발생하는 문제다. 빅데이터 분석가가 머신러닝과 관련된 모든 영역의 알고리즘을 다 개발할 필요는 없지만, 적어도 장단점은 제대로 이해하고 있어야 하는 이유이기도 하다. 즉,

여러 알고리즘 중 해결하려는 문제에 맞는 기법을 찾는 가장 좋은 방법은 많은 시행착오를 겪는 것이다.

빅데이터를 활용해 새로운 시도를 하는 것이 얼마나 어려운지, 얼마나 많은 시행착오가 필요할 수밖에 없는지를 잘 보여주는 사례가 있다. 마이크로소프트가 네덜란드 델프트공과대학교Delft University of Technology, 렘브란트미술관과 공동으로 추진했던 '넥스트 렘브란트 프로젝트'이다. 네덜란드에 본사를 둔 다국적 금융그룹 ING은행의 투자를 받아 진행된 이 프로젝트는 인공지능이 화가 렘브란트와 동일한 화풍으로 그림을 그릴 수 있게 하는 것이 목적이었다. 프로젝트 홍보 담당인 바스 코스텐Bas Korsten은 이 프로젝트의 아이디어 단계부터 어려움을 겪었다. 아이디어는 괜찮다는 평가를 받았지만 실현 가능성에 대해서는 부정적인 시각이 많았기 때문이다. 아이디어를 내는 것과 이를 실제 업무에 적용하는 것은 결국 별개의 일이라는 인식을 뛰어넘어야 했다고 한다.

마이크로소프트는 이 프로젝트를 추진하기 위해 머신러닝 전문가, 빅데이터 플랫폼 개발자 그리고 미술고고학자로 구성된 팀을 만들었다. 델프트공과대학교가 머신러닝 알고리즘 개발을 맡고 마이크로소프트가 이를 수행할 수 있는 빅데이터 플랫폼 개발을 맡았을 것이다. 렘브란트미술관의 미술고고학자는 렘브란트 화풍에 대한 지식을 제공했을 것이다. 넥스트 렘브란트 프로젝트를 단순히 이미지 인식 알고리즘을 만드는 것으로 이해하면 안 된다. 사진을 인식하는 이미지 인식 알고리즘을 렘브란트가 그린 그림으로 학습시키면, 결과물은 렘브란트가 그린 입체적인 유화가 아니라 종이에 인쇄된 포스터가 나오기 때문이다. 유화는 사진이나 포스터처럼 평면적인 2차원 이미지가 아니다. 안료가 마르기 전후에 덧칠을 할 수 있기 때문에 두께감이 존재하는 3차원 그림이다. 따라서 넥스트 렘브란트 프로젝트는 인공지능이 직접 그림을 그리는 회화 인공지능 알고리즘을 만드는 것으로 봐야 한다.

마이크로소프트가 프로젝트를 위해 가장 먼저 한 일은 역시 분석 첫 단계를 수행해 알고리즘 학습에 필요한 데이터를 충분히 수집한 것이다. 렘브란트 그림 346점을 고해상도 3D 스캐너를 이용해 3차원 이미지 데이터로 전환했다. 그 뒤 특징변수 선정 알고리즘을 통해 렘브란트 그림 속에 있는 사람들 얼굴에 특징점 60여 개가 존재한다는 사실을 찾아냈다. 또 인물을 그릴 때 눈과 눈 사이의 거리, 이마의 비율 같은 렘브란트만의 화풍도 찾아내야 한다. 뿐만 아니라 유화에 사용되는 안료 배합 방법, 덧칠의 두께, 두께가 달라지는 단계 등을 전부 데이터로 표현해야 한다. 이 작업은 3차원 이미지 스캐너로 데이터를 수집했다고 해도 머신이 알아서 찾아주는 영역이 아니다. 미술고고학자들이 머신러닝 전문가들에게 렘브란트 화풍에 대한 지식을 가르쳐줬겠지만, 전문가들은 이 지식을 머신이 이해할 수 있는 데이터로 표현할 방법을 찾아야 했을 것이다. 숱한 시행착오가 있을 수밖에 없다.

그림 6-1 마이크로소프트와 구글 인공지능이 그린 그림

마이크로소프트 인공지능이 그린
렘브란트 화풍의 초상화

반 고흐의 화풍을 학습한 구글 인공지능이 그린 그림

렘브란트의 화풍을 모방하는 회화 인공지능 알고리즘은 그림을 붓으로 그리는 것이 아니다. 유화를 3D 프린터로 인간이 그린 것처럼 그려야 하기 때문에 화풍을 학습한 후에도 유화 그리는 법 학습을 위해 또다시 시행착오를 겪었을 것이다. 인공지능을 학습시키는 방법은 인간인 화가를 학습시키는 방법과 다르다. 인간이라면 금방 이해할 수 있는 미술 재료 사용법, 화풍 등을 머신러닝이 3D프린터로 구현할 수 있도록 데이터로 전달해줘야 된다.

구글도 인공지능에게 빈센트 반 고흐의 화풍을 학습시켜 그 성과를 공개했다. 회화 인공지능 알고리즘이 정교해지면, 좋은 아이디어가 있지만 그림 그리는 법을 모르는 사람들 대신 인공지능이 유명한 화가들의 화풍을 모방해 그림을 그려주는 세상이 올 수도 있다. 인공지능이 그린 그림이 경매에서 900만 원에 팔리기도 했으니

새로운 비즈니스를 만들어낼 수도 있을 것이다.

빅데이터나 인공지능을 선도하는 마이크로소프트와는 달리, 일반 기업들이 빅데이터를 실제 업무에 활용하려면 앞에서 언급한 것 외에 한 가지 시행착오를 더 겪어야 된다. 바로 오픈소스 소프트웨어로 인한 시행착오다. 구글, 페이스북, 아마존, 애플 등 글로벌 선두 기업들이 제공하는 오픈소스 소프트웨어들은 전부 같은 딥러닝 알고리즘이긴 하지만, 서로 다른 기업이 개발했기 때문에 디테일이 다르다. 또 비즈니스 목적이 같더라도 기업마다 처한 상황이 다르기 때문에 최상의 결과를 주는 알고리즘에도 차이가 있을 수밖에 없다. 여러 오픈소스 소프트웨어 중 분석 목적에 맞는 알고리즘을 찾으려면 일단 시도부터 해봐야 한다.

실제 업무에 빅데이터를 적용해서 성공하려면, 연속적인 빅데이터 분석 과정에서 많은 시행착오를 겪으며 어디에서 오류가 발생했는지 빠르게 파악하는 역량을 확보해야 한다. 제4차 산업혁명 관련 강연자들 대다수는 실패를 할 거면 빠르게 하라고 조언한다. 실패를 용인하는 문화도 강조한다. 하지만 많은 기업에서 실패는 용인되지 않는다. 기업 내 업무 담당자와 분석가들은 실제 업무에 인공지능을 적용시켰다 실패할까 봐 두려워한다.

빅데이터만으로 돈을 벌 수 있는 기업은 별로 없다. 머신러닝 그리고 인공지능을 빅데이터로 학습시켜 새로운 비즈니스를 만들어야 돈을 벌 수 있다. 구글은 알파고를 만들기 위해 3년이라는 시간과 약 5천억 원에 가까운 비용을 투자했다. 아마존은 아마존고를 일반 고객에게 오픈하기 위해 데이터 수집과 학습에만 1년이라는 시간을 투자했다. 두 기업 모두 시행착오를 겪었다. 연속적인 빅데이터 분석 과정에서 작은 실패들을 거듭했다. 이를 겪으면서 오류를 발생시키는 원인을 제거했다. 실패를 빨리, 많이 할수록 최종적으로는 실패하지 않는다.

돈이 보이는 빅데이터

2

머신러닝 학습의 필요성

수업시간에 다 배웠다고 생각해도 막상 시험을 보면 틀리는 경우가 있듯, 머신러닝 알고리즘도 학습을 했다고 항상 제대로 배우는 것은 아니다. 따라서 인공지능 알고리즘 학습이 완료되면 알고리즘이 제대로 학습되었는지 시험을 해야 된다.

시험이 머신러닝 알고리즘 학습 데이터에 과적합된 것은 아닌지, 데이터에 노이즈가 있어도 견딜 만한지, 두 가지 문제를 풀면 된다. 학습된 알고리즘의 과적합과 최적화 여부를 판단하기 위해 민감도Sensitivity와 특이도Specificity 평가를 한다. 제품의 불량 여부를 '예'와 '아니오'로 구분하는 분류 알고리즘을 예로 들면, 민감도는 정상제품으로 분류된 데이터 중 진짜 정상인 데이터의 비중을, 특이도는 불량으로 분류된 데이터 중 진짜 불량인 데이터의 비중을 의미한다. 민감도와 특이도를 평가하는 방법은 많기 때문에 각각 다른 방법으로 평가했을 때도 동일한 결과가 나오는지 항상 확인해야 한다.

노이즈에 대한 내구성은 노이즈로 인한 입력 데이터의 변화에 대한 출력 결과 변화의 비율로 정의된다. 설비 기계에 장착된 센서를 통해 들어오는 데이터에 노이즈가 포함될 가능성은 늘 있고, 센서 고장이나 계측장비 노후화로 측정된 값이 변할 수도 있다. 이런 노이즈를 사전에 제거하지 못하면 데이터에 섞여서 들어오는 경우가 생긴다. 학습된 알고리즘이 노이즈에 대한 내구성이 약하다면, 노이즈를 새로운 데이터로 간주하고 학습해버린다. 이렇게 되면 알고리즘이 오작동할 가능성이 높아진다.

노이즈에 대한 내구성 평가 방법은 머신러닝에 사용한 알고리즘에 따라 달라진다. 인공신경망은 입력과 결과값의 변화 정도로 평가하지만, 인공신경망을 퍼지로직과 결합할 경우 퍼지로직 멤버십 함수의 변화에 대한 인공신경망 내 뉴런의 가중치 변화로 계산해야 하는 등 다소 고도의 수학적인 유도 과정을 필요로 한다. 그래서 많은 기업들은 기존 학습 데이터에 랜덤으로 노이즈를 추가해서 알고리즘을 학습시키면 결과값이 얼마나 달라지는지 확인하는 방법을 많이 활용한다. 하지만 분석 과정을 거칠 때마다 이런 평가를 하는 것은 매우 비효율적이기 때문에 평가도 머신이 스스로 할 수 있게

끔 알고리즘으로 구현하는 것이 일반적이다. 평가를 위한 머신러닝 알고리즘을 업무 전문 지식이 필요 없는 딥러닝 같은 알고리즘으로 구현한다면, 분석가가 인간이기 때문에 범할 수밖에 없는 확증편향의 오류를 제거하면서 빅데이터를 업무에 적용했을 때 성공할 가능성을 높여준다.

3

인공지능을 가르칠 훌륭한 선생님

2016년 마이크로소프트는 트위터상에서 대화할 수 있는 챗봇 테이Tay를 공개했다. 테이는 평범한 대화로 학습을 완료한 상태였지만, 일반 사용자와 대화를 통해 더 깊게 학습할 수 있었다. 사람과의 대화가 곧 데이터인 것이다. 하지만 특정 단체가 의도적으로 잘못된 데이터를 학습시키면서 테이는 마이크로소프트의 의도와는 전혀 다른 방향으로 학습됐다. 부적절한 학습을 위한 새로운 데이터 양이 많아지자 이 데이터가 올바른 정보라고 인식한 테이는 사람들과 대화 도중에 인종차별적인 발언을 하기 시작했고 결국 16시간 만에 계정 폐쇄라는 최악의 상황을 맞았다. 특정 단체는 고작 16시간 만에 테이를 학습시킨 것이다. 인공지능을 학습시킬 때 활용한

돈이 보이는 빅데이터

그림 6-2 테이의 대화 내용

데이터 양은, 인공지능 알고리즘이 일반 사용자에게 공개되었을 때 생성되는 데이터 양과는 비교도 되지 않는다. 테이는 인공지능 학습에 빅데이터가 필요하지만, 빅데이터만으로는 제대로 학습시킬 수 없다는 것을 입증한 첫 사례가 되었다.

이미 학습된 인공지능을 뒤늦게 제대로 학습시키는 일은 쉽지 않다. 인공지능은 단시간에 많은 데이터를 학습하기 때문이다. 마이크로소프트도 테이를 폐쇄한 후 다시 학습을 시켜 재공개했지만, 테이 자신이 대마초를 한다는 트윗을 올려 또다시 폐쇄되었다. 인공지능 알고리즘도 인간과 마찬가지로 엄청난 양의 데이터로 학습한 내용은 쉽게 지우기 힘들다는 점을 극명하게 보여주는 것이다.

마이크로소프트는 이런 점을 감안해 2016년 12월 다시 '조Jo'라는 챗봇을 내놓았다. 전처럼 일반 사용자 모두에게 공개한 건 아니고, 우리나라 카카오톡 같은 메신저 앱 킥Kik에만 제한적으로 공개했다. 챗봇 조는 테이에 비해 일반 사용자에게 배우는 학습 능력에 많은 한계가 있는 것으로 알려졌다. 예를 들면 정치적인 이슈에는 답변을 하지 않으면서 학습을 하지 않도록 설계된 것이다. 챗봇 조에게는 배워야 할 것과 배우지 말아야 할 것을 구분해주는 선생님 같은 존재가 있는 것 같다.

인간이 배우는 기간은 정규 교육 과정만 합쳐도 최소한 10년 이상이다. 평생에 걸친 긴 학습 기간 동안 단순히 지식만 얻는 게 아니다. 도덕이나 윤리 등 옳고 그름에 대한 판단 기준과 '잘못을 저지르면 벌을 받는다' 같은 상식도 갖게 된다. 인공지능 알고리즘은 데이터를 통해 인간보다 빨리 학습할 수 있지만, 잘못된 학습을 해도 인간처럼 제제를 받지 않는다. 인공지능이 제대로 학습하고 있는지 지속적으로 관찰하면서 학습의 방향을 정해줄 누군가가 필요한 것이다. 인공지능은 헬렌 켈러와 비슷하다. 시각·청각 중복 장애인으로 태어났지만 당시 최초로 인문계 학사학위를 받고 작가이자 교육자이자 사회주의 운동가로 활동했던 헬렌 켈러에겐 앤 설리번이라는 훌륭한 선생님이 있었다. 중복 장애인을 가르치는 방법을 고안한 앤 설리번이 없었다면 헬렌 켈러는 아무것도 할 수 없었을 것이다.

마이크로소프트가 계속 챗봇을 개발하면서 공개하는 이유는 데이터를 얻기 위해서다. 챗봇이 인간과 자연스러운 대화를 하려면 많은 데이터가 필요하다. 이런 데이터는 따로 구할 수 있는 게 아니라 인간과 대화를 하며 얻을 수 있다. 아직 음성인식 정확도는 높지

돈이 보이는 빅데이터

않기 때문에 글자로 입력하는 텍스트가 최선의 데이터인 것이다. 그럼 왜 계속 챗봇을 개발하는 것일까? 인간처럼 대화를 하는 챗봇이 개발된다면 기존 비즈니스에 많은 변화가 올 것이다. 인공지능이 고객센터 상담원을 대체하는 것을 넘어 실제 업무에도 적용될 수 있다. 마이크로소프트는 이런 기대감을 갖고 중국어와 인도어로 대화가 가능한 챗봇 개발을 완료해서 중국과 인도의 일반 사용자에게 공개하고 있다. 구글, 페이스북, 아마존 등 글로벌 선두 기업들은 이미 챗봇 개발에 막대한 투자를 하고 있다.

챗봇은 분명 돈을 벌 수 있는 새로운 비즈니스다. 하지만 옳고 그른 정보가 무엇인지 가르치고, 학습에 필요한 빅데이터를 어떻게 만들어낼 수 있는지 찾아줄 훌륭한 선생님도 필요하다. 인공지능은 중복 장애를 갖고 있는 아주 스마트한 신입사원이다. 신입사원에게 업무를 가장 잘 가르칠 수 있는 선생님은 기업 내부에 있다. 다소 시간이 걸리더라도 직원들을 교육시켜 인공지능을 가르칠 수 있는 선생님으로 육성해야 한다.

4

한국어 인공지능 개발의 시급함

아마존, 구글 등 제4차 산업혁명 선두 그룹에 속한 기업들은 실제 비즈니스에 인공지능을 적용하기 위해 인간과 커뮤니케이션이 가능하도록 시각과 청각과 관련된 인공지능 알고리즘을 개발하고 있고, 일부 기업들은 알고리즘을 오픈소스로도 공개하고 있다. 오픈소스를 가져와 활용하면 될 것 같지만, 공개된 오픈소스가 지원하는 언어는 영어이기 때문에 한국어를 사용하는 국내에서는 활용이 쉽지 않다.

언젠가 세계 모든 언어를 정확하게 번역하는 번역 인공지능 알고리즘이 상용화될 수도 있다. 그때가 되면 글로벌 기업들이 개발한 업무용 인공지능 알고리즘을 그대로 활용할 수 있을 것이다. 한

돈이 보이는 빅데이터

국어로 업무 지시를 내리더라도 번역 인공지능 알고리즘이 다시 영어로 바꿔줄 수 있기 때문이다. 번역 인공지능 알고리즘이 나올 때까지 기다리는 것도 하나의 방법이 될 수 있지만 경쟁에서 뒤처질 것이다. 한국어 지원은 우선순위가 낮아 번역 인공지능 알고리즘에 한국어가 언제쯤 포함될지 알 수 없기 때문이다.

기업에 속한 직원들은 특정 부서에 배치되어 상급자에게 지시를 받아 업무를 수행한다. 현재 기술 수준으로는 인공지능이 모든 인간 직원을 배제하고 기업 업무를 수행하는 게 불가능하다. 결국 인간이 관리자로 있으면서 기업 내 특정 업무만 인공지능으로 대체할 수밖에 없다. 인간 관리자가 업무용 인공지능에게 업무 지시를 하려면 인공지능 알고리즘이 인간과 커뮤니케이션할 수 있어야 한다. 국내 기업들이 인공지능 알고리즘을 실제 업무에 활용하려면 한국어를 인식할 수 있는 인공지능 알고리즘 개발이 선행되어야 하는 것이다.

커뮤니케이션을 위한 인공지능 알고리즘이 없더라도 업무 지시를 할 수 있는 방법들은 있다. 그중 하나는 IT 관련 조직에 업무 프로세스나 규칙 업데이트를 요청하듯 인공지능이 해야 할 업무를 매번 알고리즘 개발 전문가에게 전달해서 알고리즘을 다시 코딩하는 것이다. 하지만 이런 방법은 시간이 너무 많이 걸린다. 업무 프로세스나 규칙을 다시 코딩하는 데도 시간이 많이 걸리는데, 인공지능은 재코딩 후 별도 학습까지 시켜야 될지도 모르기 때문에 개발 시간은 더 걸릴 것이다. 그동안 업무 공백이 생기느니 차라리 기존 업무 담당자들이 처리하는 편이 더 빠를지도 모른다.

인공지능이 업무 지시자의 의도를 정확하게 파악하려면 일상적인 대화와 더불어 기업 내 업무와 관련된 모든 대화를 학습할 수 있는 엄청난 양의 데이터가 필요하다. 글로벌 선두 기업들이 챗봇을 통해 확보한 일상적인 대화는 구할 수 있겠지만 업무 관련 대화는 업종마다, 기업마다 전부 제각각이다. 결국 이 영역은 국내 기업들의 몫이다.

한국어 인식 알고리즘이 인간과 거의 유사해지면 기존 비즈니스를 흔들 만한 새로운 비즈니스들이 생겨날 것이다. 국내 금융회사나 통신회사들 대부분은 한 달에 수십에서 수백만 건 정도 고객 상담 전화를 받는다. 과거에는 이런 음성 빅데이터를 분석할 방법이 없어서 단순히 상담원들의 상담 품질을 모니터링하는 정도로 활용했다. 심지어 전체 상담 전화 중 일정 수를 샘플로 추출해서 고객 서비스 담당자가 직접 들을 수밖에 없었다. 아무리 무작위로 샘플을 추출하더라도 샘플이 전체 상담 전화 품질을 제대로 반영하지는 못한다. 기업들은 기업 내에 축적되어 있는 음성 데이터를 분석해서 고객이 원하는 바가 무엇인지 듣고 싶어 한다. 한국어 인식 알고리즘이 있다면 전체 상담 전화를 다 분석해서 단순히 상담 품질뿐만 아니라 고객의 의견을 경영에 반영하는 것도 가능할 것이다.

국내에서도 이런 가능성 때문에 네이버, 카카오 같은 IT 기업과

돈이 보이는 빅데이터

통신 업체들이 인공지능 알고리즘을 자체적으로 개발하고 있다. 해당 기업들은 이런 알고리즘이 적용된 인공지능 스피커를 경쟁적으로 출시하고 있기도 하다. 인공지능 스피커에 탑재된 딥러닝 기반 한국어 인식 알고리즘의 오인식률이 개선되면서 국내 기업들 중 상당수가 실제 업무에 적용할 수 있는 알고리즘을 도입했지만 아직 기대에 부응할 수준은 아니다.

현재 금융기업들은 챗봇 서비스를 실시하고 있다. 그동안 음성으로 제공하던 자동응답 서비스를 챗봇이 텍스트로 제공하는 형태이다. 음성 기반 자동응답 서비스는 고객센터에 전화를 걸면 원하는 서비스를 음성으로 안내해준 후 고객이 원하는 번호를 말하거나 키패드에 해당 번호를 누르면 해당 서비스에 대한 내용을 다시 음성으로 알려주는 형태다. 금융권에서 제공하는 챗봇은 채팅창에 제한된 내용에 대한 번호와 텍스트를 함께 제시하는 형태로 고객이 해당 번호를 누르면 그에 맞는 답변이 제공된다. 국내 기업들이 여기서 더 나아가 한국어를 사람처럼 알아들을 수 있는 인공지능을 개발한다면 지금 비즈니스와는 다른 비즈니스가 생겨나면서 알고리즘만으로 돈을 버는 기업들이 생겨날 것이다.

5

한국어 인공지능 도입 시 주의사항

인공지능 기반의 음성비서 기술인 애플 아이폰의 시리siri, 구글 어시스턴트Assistant의 영어 음성인식률은 거의 95% 수준으로, 실제 업무에 활용할 수 있는 수준까지 올라왔다. 물론 시리에 사용된 모바일용 알고리즘은 한국어가 지원된다. 짧은 대화는 인식률도 높다. 하지만 길게 대화를 하면 인식률이 떨어진다.

이런 서비스를 업무에 활용할 수는 있지만 간단한 문제는 아니다. 온라인 스피치 인식 서비스를 활용하지 못하는 이유 중 하나는 개인정보보호 때문이다. 전화는 비대면 채널인 만큼 상담 시 본인 확인 절차를 거치는데, 이때 상담 내용에 개인정보가 포함되게 된다. 중요한 업무를 처리하려면 좀 더 구체적인 개인정보 제공을 요

돈이 보이는 빅데이터

청하는데 개인정보보호 관련 규제 때문에 음성 데이터를 외부로 반출하지 못하게 되어 있다.

스피치 인식 서비스 도입 시 또 다른 문제는, 일반적인 대화는 텍스트로 변환하는 데 문제가 없더라도 기업 내 전문 용어나 업무 관련 용어 등은 별도의 학습이 필요한데 이것이 어렵다는 점이다. 필자는 기업에 있을 때, 전문 용어가 포함된 음성 빅데이터가 내부에 있기 때문에 음성인식 인공지능 알고리즘을 도입해 학습을 수행하기로 한 적이 있다. 업체를 통하지 않고 자체 학습에 성공하면 경쟁사들이 단시간 내에 쫓아올 수 없는 차별화된 경쟁력을 확보할 수 있다는 장점도 있었다.

스피치 인식 알고리즘을 제공하는 기업들은 기술 유출 우려 때문에 기업들에게 알고리즘을 학습시킬 권한을 주지 않고 학습 전문 엔지니어들을 파견해서 이 작업을 대신해준다. 엔지니어들은 기업의 전문 용어나 업무 관련 용어에 대한 지식이 전혀 없기 때문에 기업 내 업무 담당자의 도움을 받아야 한다. 반대로 업무 담당자는 인공지능 알고리즘에 대한 이해가 부족하다 보니 지속적으로 커뮤니케이션 오류가 발생한다. 결국 업무 담당자가 스피치 인식 알고리즘을 어느 정도 이해하고, 실제 업무 관련 용어나 지식들을 학습 전문 엔지니어에게 쉽게 설명해주면서 문제가 해결됐다. 인공지능의 훌륭한 선생님은 알고리즘을 개발하는 기업과 실제 업무에 적용하려는 기업 모두에 필요한 것이다.

스피치 인식 알고리즘을 판매하는 기업들이 공개하는 인식률은 실제 업무 환경과는 많이 다른 이상적인 환경에서 측정된다. 알고리즘을 실제로 업무에 적용하면 기대했던 것보다 낮은 인식률이 나온다. 알고리즘 도입을 결정하기 전에 기업에 있는 음성 데이터를 직접 분석해보고 인식률을 높일 수 있는 방법을 사전에 충분히 검토한 후 구체적인 평가 기준을 마련해야 성공할 수 있다. 다음 사항들은 인식률을 저해하는 원인을 정리한 것이다.

노이즈나 음성 왜곡

음성인식 인공지능 알고리즘의 인식률은 일성 길이의 고객 대화를 얼마나 잘 받아쓰는지로 평가한다. 실제 상담 전화를 들어보면, 개인별로 구비된 마이크를 사용하는 상담원들의 목소리는 노이즈가 거의 없이 녹음되어 인식률이 약 80% 이상이다. 반면 고객은 어떤 장소, 어떤 환경에서 통화하는지가 중요하다. 길을 걸으며 통화를 하거나 바람이 심하게 부는 곳이거나 통신 상태가 양호하지 않으면 노이즈나 음성 왜곡으로 상담원 대비 인식률이 많이 떨어진다.

고객의 발음 스타일

누군가와 대화할 때, 상대가 말을 빠르게 흘려서 말하면 잘 알아듣지 못한다. 음성인식 알고리즘도 고객이 말을 빠르게 하거나 흘리는 경우 제대로 인식하지 못하는 경우가 많다. 또 대화 중에 '어', '저' 혹은 '그거 있잖아' 등 추임새를 많이 사용할수록 인식률이 낮아진다.

녹음 방식

상담 전화를 녹음하는 방식은 고객과 상담원의 대화 내용을 같이 저장하는 모노 방식과 따로 저장하는 스테레오 방식이 있다. 모노 방식은 고객과 상담원이 동시에 말하는 경우 인식률이 급격하게 떨어진다. 이를 해결하기 위해 상담원과 고객의 목소리를 별도로 저장하는 스테레오 방식을 사용할 수 있는데, 알고리즘이 자동 대화 순서 매칭을 지원해주는지 확인해야 된다.

녹음 음질도 중요하다. CD처럼 16비트 이상 고음질로 저장할수록 인식률이 좋아진다. 하지만 기업 녹음 시스템은 대부분 용량 문제 때문에 파일을 8비트로 저장하고 있다. 상담 전화도 과거와는 달리 디지털로 변환해서 저장하기 때문에 디지털 음원의 저장 공간

크기를 의미하는 비트수가 중요하다. 아날로그는 소리를 다 저장하는데 디지털은 비트수에 따라 샘플로 저장한다. 비트수가 작으면 다시 아날로그로 변환할 때 소리의 왜곡이 발생하게 된다.

사투리나 전문 용어의 사용

처음 음성인식 알고리즘을 학습시켰을 때, 지역별로 인식률에 상당한 차이가 있었다. 사투리를 인식하지 못하는 것이 원인이었다. 사투리가 표준어와 차이가 심할수록, 사투리를 사용하는 고객수가 많을수록 지역별 차이가 컸다. 이 문제를 해결하기 위해 사투리를 표준어와 일일이 연계시킨 후 다시 학습시킬 수밖에 없었다.

또 카드사는 카드 상품명 등 기업만의 용어나 포인트 적립 등 일상적으로 잘 사용하지 않는 용어가 많아 인식률이 매우 낮았다. 이런 용어들을 기업 내 업무 담당자들이 정리하면 되지만 너무 익숙해진 용어들이 누락될 수 있으므로 지속적인 모니터링을 통해 주기적으로 학습을 시켜야 한다.

가장 중요한 것은 인식률 평가 방법이다. 대부분 음성인식 알고리즘의 기준은 영어이기 때문에 음절 단위의 인식률 평가 방식을 사용한다. '기자'를 '비자'로 인식했다면 음절 단위로는 인식률이

50%지만 단어 단위로는 0%로 평가해야 한다. 한국어는 단어의 음절 하나가 달라지면 의미가 완전히 달라지기 때문이다. 주요 키워드에 대한 인식률을 평가 기준으로 할 때 주의할 점은, 키워드가 속한 문장들의 수를 확인하는 것이다. 키워드 하나에 너무 많은 문장이 있다면 키워드를 좀 더 상세하게 구분하는 것이 좋다.

음성을 텍스트로 변환한 후 텍스트 분석 알고리즘을 통해 그 의미를 분석해야 인식된 한국어를 실제 업무에 활용할 수 있기 때문에, 보통 음성인식 알고리즘과 텍스트 분석 알고리즘을 동시에 도입한다. 함께 도입한 텍스트 분석 알고리즘으로 추출한 복합 키워드를 평가 기준으로 사용하는 걸 추천한다.

만약 텍스트 분석 알고리즘을 통해 문자로 전환된 고객들의 상담 내용을 분석해보니, 최근에 출시한 상품 관련 질문이 많아졌고, 같은 질문이 많다면 관련 내용이 고객에게 제대로 전달되지 않았다는 걸 알 수 있다. 패션브랜드 자라ZARA가 1990년대 이후 패션 트렌드를 재빠르게 반영하고 패스트 패션의 열풍과 함께 급성장해서 세계적인 의류 브랜드 중 하나가 된 것처럼, 고객이 원하는 것을 빠르게 업무 프로세스에 반영한다면 다른 기업과 차별화할 수 있을 것이다.

텍스트 분석 알고리즘은 자연어처리 알고리즘이라고 부르기도 한다. 자연어처리란, 인간의 말을 머신이 이해할 수 있는 형태로 가공해주는 기술을 의미하며, 형태소 분석, 품사 부착, 구절 단위 분석, 구문 단위 분석, 이 네 가지 과정을 총칭한다.

형태소 분석

정보 검색이나 색인어 추출에 많이 활용되는 기술로 고객의 말을 머신이 이해할 수 있도록 구분하는 과정이다. '학교에 간다'는 문장을 머신이 이해할 수 있도록 '학교', '에', '간다'처럼 단어 형태로 구분해주는 것이다. 문장에서 개별 단어를 찾을 때, 머신은 '형태소 분석 사전'이라 불리는 이미 등록된 단어의 집합에서 찾게 된다. 미등록 단어, 오탈자 그리고 기존 형태소 분석 알고리즘의 경우 띄어쓰기를 무시하고 단어를 찾기 때문에 인식률이 떨어진다. 나이를 묻는 상담원의 질문에 고객이 '○○살인데요'라고 대답했는데 띄어쓰기를 무시하고 '○○', '살인', '데요'로 잘못 구분할 수 있다. 실제로 전혀 엉뚱한 '살인'이라는 단어가 튀어나와서 상담 전화 내용을 전수 조사한 적이 있었다. 띄어쓰기 인식 오류 때문에 벌어진 해프닝이었다.

품사 부착

형태소 분석에서 나온 결과에 적합한 품사를 붙이는 기술이다. 영어의 경우 문장의 5형식이 있는데 그중 하나인 1형식은 주어+동사의 구조를 골격으로 하기 때문에 1형식 문장은 '주어가 ~을/를

돈이 보이는 빅데이터

한다'로 의미 파악이 가능하다. 하지만 한글은 부착되는 품사에 따라 의미가 달라질 수도 있다. 특히 한국어는 중의적 단어가 많기 때문에 오류 발생 가능성이 높다. '나는'의 경우 '나(대명사)'에 '는(조사)'이라는 품사를 붙인 것일 수도 있지만, '날다(동사)'에 '는(관형형 어미)'이라는 품사가 부착된 것일 수도 있다.

구절 단위 분석

품사가 부착된 단어들을 명사구나 동사구처럼 말뭉치로 만들거나 중문, 복문 등을 단문 단위로 분해하는 과정이다. '이 카드는 주유할 때는 좋은데 할인마트에는 글쎄'라는 중문의 경우 '이 카드는 주유할 때 좋다', '할인마트는 글쎄', 이렇게 구분해준다.

구문 단위 분석

구절 단위 분석에서 나온 절들을 분석해 구문 전체의 의미를 파악하는 과정이다. 인공지능 알고리즘 중 문서 요약을 하기 위한 전처리 과정이라 생각하면 된다.

상용 제품들에서 많이 활용되는 키워드 추출 방식은 형태소 분석이나 품사 부착 과정에서 추출된 단어의 중요도를 평가하는 단어 빈도와 역문서 빈도Term Frequency-Inverse Document Frequency, TF-IDF로 구분된다. 단어 빈도는 단어가 많이 등장할수록 중요하지만, 역문서 빈도는 문서에 단어가 너무 많이 등장하면 중요하지 않은 단어일 수 있어 키워드에서 제외하는 것이다. 주로 기업 내 문서들을 유형별로 분류할 때나 검색 엔진에 많이 활용된다. 은행 대출 상담에는 이자, 한도 등의 단어가 많이 나오기 때문에 이런 단어가 들어 있는 문서들은 대출 상담 유형으로 구분할 수 있다.

만약 단어 빈도와 역문서 빈도를 고객 불만 파악에 활용한다면 고객 불만 중 흔치 않은 불만만 찾아낼 것이다. 동일 카드 상품에 대한 고객 불만은 특정 서비스에 대한 불만족에서 유발될 가능성이 많다. 때문에 단어 빈도로 불만 관련 단어들이 발견된다. 하지만 다시 역문서 빈도에 의해 중요도가 보정되어 최종 키워드로 선정되지 않는다. 예를 들어 카드 상품 할인 관련의 경우, 사용 조건에 관한 문의가 많다. 카드사의 전월 사용 조건은 전월 1일부터 말일까지의 이용금액으로 결제금액과는 다르다. 이를 착각해서 혜택을 못 받았다는 불만 관련 상담 전화가 폭주하면 키워드에서 제외된다.

자연어처리 과정 중 구절 단위 분석과 구문 단위 분석 과정은 아직 사람이 읽고 이해하는 수준까지 도달하지 못했다. 현재는 '형태소 분석 사전'에 등록된 구, 구절, 구문 등과 유사한 의미를 갖는지

돈이 보이는 빅데이터

검색하는 수준이다. 한국어가 갖는 여러 어려운 점들 때문에 사전 기반 텍스트 분석 알고리즘은 한계가 존재한다.

한국어를 인식하려면 한국어 음성인식 알고리즘과 한국어 텍스트 분석 알고리즘, 두 개가 필요하다. 기존 사전 기반 알고리즘의 한계를 넘기 위해 스타트업에서 많은 연구가 이뤄져야 하는데 연구에 필요한 음성 빅데이터는 기업에 있다. 글로벌 기업이 이미지나 음성인식 전문 알고리즘 개발 스타트업들을 인수하듯 국내도 이런 음성 데이터에 대한 공동 연구 혹은 공동 비즈니스화 등을 통해 창의적인 한국어 인식 알고리즘이 만들어지길 바란다.

6

빅데이터를 포함한 사업 전략 수립

기업 경영에 있어서 전략 수립은 불과 40년 전에 도입됐다. 현재는 전략을 수립하지 않고 경영하는 기업을 찾아볼 수 없을 만큼 성과가 입증되었기 때문에 빅데이터와 인공지능 등과 같은 분석에 대한 전략 수립은 필수적이다. 전략을 수립함으로써 기업이 나아갈 방향과 이끌어내야 할 성과 등을 최고경영자부터 실무를 담당하는 직원까지 공유하며 공감대를 형성할 수 있기 때문에 기업들이 외부 컨설팅 업체에게 자문을 받는 사례가 늘고 있다.

하지만 델Dell의 최고기술책임자 빌 슈마르조Bill Schmarzo는 기업들이 빅데이터와 오픈소스 기반 빅데이터 플랫폼, 오픈소스 기반 분석 알고리즘 등 IT 관점에서 전략을 수립하는데, 이렇게 수립된

돈이 보이는 빅데이터

전략은 새롭게 등장하는 오픈소스, 새롭게 발견되는 데이터 소스, 하드웨어의 진화 등 여러 가지 이유로 계획이 수립되자마자 쓸모가 없어진다고 말한다. 그는 "빅데이터 전략을 수립하지 말고 빅데이터가 포함된 비즈니스 전략을 수립해야 한다"고 주장하면서 빅데이터가 포함된 비즈니스 전략 수립에 필요한 5단계를 제시했다.

1. 빅데이터를 통해 달성하고자 하는 비즈니스 목표 수립
2. 비즈니스 목표를 달성할 수 있는 기업 내 업무 발견 및 실제 적용 가능 사례 발굴
3. 사례들의 우선순위 선정
4. 우선순위별로 높은 예측력을 제공해줄 특징변수 발굴
5. 빅데이터 분석을 통해 얻게 될 비즈니스 가치 산출 방법 결정

언뜻 보면 기업의 일반적인 비즈니스 전략 수립과 동일하지만 빅데이터를 수집하고 인공지능 알고리즘을 통해서 얻을 수 있는 가치를 기존 비즈니스 목표에 추가한다는 점에서 차이가 있다. 빌 슈마르조의 주장에 100% 동의한다. 하지만 내 경험상 빅데이터 목표에 대해 조직과 합의를 이루는 일은 매우 어렵다. 기업의 비즈니스 전략을 수립하는 프로세스가 혁신적으로 변화되기 전까지는 위 5단계 중 첫 단계부터 삐걱거릴 것이다. 빅데이터, 인공지능 등 디지털 기술 경쟁을 아직까지 피부로 느끼지 못하는 기업 구성원들이 기존

비즈니스 전략 수립 프로세스를 빅데이터 기반의 새로운 형태로 변경하는 것을 쉽게 받아들이지 않기 때문이다.

빌 슈마르조도 이를 인지하고 조직의 리더가 데이터 기반 분석 업무 프로세스를 최적화하거나 예측 기반 영업에 활용함으로써 게임의 규칙을 바꿀 수 있다는 확신을 가져야만 빅데이터 조직과 추가적인 비즈니스 목표를 공동으로 수립할 수 있다고 강조한다. 하지만 대부분 비즈니스 조직의 리더들은 데이터 분석에 대한 신뢰가 높지 않기 때문에 기존 업무를 빅데이터 기반 인공지능 알고리즘을 활용해서 제대로 바꾸려고 하기보다는 포장하는 정도로만 받아들일 가능성이 매우 높다. 이런 경우 실제 업무에서 빅데이터를 통해 발생되는 비즈니스 가치를 제대로 평가받지 못할 뿐만 아니라 빅데이터를 포함한 비즈니스 전략은 활용되지 못할 것이다. 이렇게 악순환이 이어지면 빅데이터가 실제 업무에 아무 도움이 되지 않는다는 부정적인 시각은 계속 커질 수밖에 없다. 따라서 혁명에 가까운 전사 차원의 변화까지는 아니더라도 실제 업무에 빅데이터를 적용해서 성과를 얻는 전략을 어떻게 세울지 아마존의 사례를 통해 설명해보려 한다.

〈그림 6-3〉에서 보듯 아마존은 무인자동차가 아닌 드론에 집중하고 있는 것으로 알려졌지만, 2017년 4월 미국 〈USA 투데이〉 신문은 아마존이 1년 전부터 전문가 12명으로 꾸려진 무인자동차 개발팀을 비밀리에 운영 중이고, 2016년 12월에 공개된 아마존고에

돈이 보이는 빅데이터

그림 6-3 아마존과 구글의 무인택배 개발 경쟁

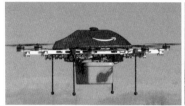

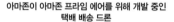

아마존이 아마존 프라임 에어를 위해 개발 중인 택배 배송 드론

구글이 무인택배를 위해 개발 중인 자율주행자동차

그동안 개발된 무인자동차 관련 기술을 적용했다고 보도했다.

필자가 근무하던 기업에 강연을 하러 온 아마존 직원도 아마존고는 무인자동차 관련 기술을 개발하다 추진한 새로운 비즈니스라고 했다. 아마존은 왜 무인자동차 관련 기술 개발을 철저히 비밀로 하려 했을까? 제4차 산업혁명의 기반인 인공지능, 빅데이터 등의 기술을 확보한 아마존 같은 기업들은 스스로 경계를 넘어 비즈니스 영역을 확장할 창의적인 아이디어가 부족하다. 아이디어를 구현할 수 있는 기술은 경쟁사에도 있기 때문에 빅데이터를 포함한 디지털 전략 노출을 극도로 꺼릴 수밖에 없다. 바둑 인공지능 알고리즘도 그런 경우다. 기술 개발을 완성하지 않은 채 전략을 공개한 페이스북은 후발 주자인 구글이 스타트업 딥마인드를 인수하며 성장하자 더 이상 바둑 인공지능 알고리즘을 개발하지 않게 됐다.

아마존은 빅데이터를 포함한 사업 전략 수립 프로세스를 이미 기업문화로 정착시킨 듯하다. 아마존은 빌 슈마르조의 5단계를 비즈

표 6-1 5단계 전략 수립에 따른 아마존 무인자동차 개발 사례

	빅데이터 비즈니스 전략 수립	아마존 사례
1~5	빌 슈마르조의 빅데이터를 포함한 비즈니스 전략 수립 5단계	아마존은 자체 물류 네트워크 확보를 통해 제3자 물류회사에 대한 의존도 감소를 비즈니스 목표로 수립(트럭 4000대, 자체 보잉767 16대에서 40대로 증설 예정, 에어카고 허브에 14억 9000만 달러 투자)
		다양한 빅데이터, 머신러닝, 인공지능 기술 중 무인택배를 가능하게 할 기술로 무인자동차와 드론 선정
6	2단계에서 선정한 기술에 맞는 전문 인력으로 최적의 조직 구성	무인자동차 연구에 필요한 3D 비전, 센서융합Sensor fusion 및 딥러닝을 전문으로 하는 12명 전문가 팀 구성
7	실제 비즈니스에 적용 후 지속적인 투자 및 실패 용인	2016년 12월 아마존고 매장을 시애틀에 오픈한 후 아마존 직원들을 대상으로 파일럿 운영

니스 조직과 합의를 통해 도출한 것이 아니다. 빅데이터 조직이 필요한 빅데이터를 자체적으로 수집하고 필요한 인공지능 알고리즘도 직접 개발해서 빅데이터의 가치를 비즈니스 조직에게 입증하는 실행 전략을 갖고 있다.

아마존은 전통적으로 하나의 조직이 자신들이 사용하는 기술을 소유하는 '한 줄의 실Single Threaded' 조직으로 유명하다. 따라서 인공지능 전문가들이 여러 곳에 흩어져 있었다. 창립자인 제프 베조스Jeff Bezos는 인공지능 분야에서 구글, 페이스북, 마이크로소프트에 뒤처진 상황을 타개하려 했다. 아마존 내에 인공지능 조직이 만들어졌지만 비즈니스 조직과 단절된 섬 같은 조직이었다. 이런 섬

에 모인 인공지능 조직은 빌 슈마르조가 제시한 5단계 중 3단계, 즉 선정된 우선순위가 높은 사례별로 소규모 전문조직을 구성했다.

일부 조직은 인공지능을 활용해 기존 비즈니스를 어떻게 혁신할 지 고민했고 나머지 조직은 인공지능으로 완전히 새로운 비즈니스를 고민했다. 내부 역량이 부족했던 전문조직들은 다른 전문조직과 소통하기 시작했다. 이런 분위기와 아마존의 인공지능에 대한 열정 덕분에 인공지능 전문가들이 모이기 시작하며 역량이 강화됐고, 인공지능 조직은 비즈니스 조직과 조금씩 연결되었다고 한다. 인공지능 조직이 먼저 자신들의 역량을 강화하고, 인공지능으로 비즈니스를 변화시킬 성공 사례를 보인 후에야 비즈니스 조직과 연계될 수 있었던 것이다. 결국 소규모 전문조직을 활용해 빅데이터나 인공지능 성공 사례를 만들어야 한다.

7

빅데이터 분석 체크리스트

빅데이터를 어느 정도 이해하는 리더들은 빅데이터로 달성하려는 비즈니스 목표를 정했는데도 그만큼 성과가 나오기 힘들다고 말한다. 기업이 빅데이터를 잘 활용할 수 있는 전략을 수립했다 하더라도 수집한 빅데이터와 인공지능 알고리즘이 비즈니스 목적을 달성할 정도의 정확도를 제공해주지 못하면 전략의 실현 가능성은 낮다. 따라서 전략을 실행하는 과정에서 비용, 속도, 비즈니스 부서의 수용성이라는 세 가지 관점에서 균형이 잘 잡혀 있는지 지속적으로 확인해야 한다. 이 과정을 생략하면 알고리즘 학습 결과는 만족스럽지만, 실제 업무에서는 부정확한 예측으로 비즈니스에 손실을 가져올 수 있다. 또 빅데이터를 수집하고 알고리즘을 학습시키는 과정을 처음

돈이 보이는 빅데이터

부터 다시 반복해야 하기 때문에 상당한 시간이 소요된다.

특히 기존 사업은 오랜 기간 운영을 했기 때문에 업무 담당자가 쉽게 이해할 수 있도록 업무 전문가의 지식을 규칙Rule 형태로 만들어 이미 운영하고 있다. 큰 문제가 발생하지도 않았는데 새로운 빅데이터 기반 알고리즘을 활용하라고 하면 잘 운영되던 업무에 지장을 줄지 모른다는 부정적인 시각이 존재한다. 이렇듯 전반적인 업무에서 수용하기 어려운 경우, 알고리즘을 전체 업무에 적용하기보다는 시간과 속도를 조절해서 비즈니스에 영향이 적은 일부 업무에 먼저 적용해야 한다. 적용 결과를 같이 공유한 뒤 업무 영역을 단계적으로 확대하는 등 전략 실행 방법을 변경하는 게 좋다.

하버드 비즈니스 스쿨의 존 데이튼John Deighton 교수는 빅데이터를 잘 사용한다면 한 산업을 넘어 다른 산업의 경쟁 규칙까지 완전히 새로운 것으로 변화시킬 수 있을 거라고 말했다. 또 기업이 빅데이터를 포함한 사업 전략 모니터링을 제대로 수행하려면 비즈니스 부서의 리더들이 빅데이터의 의미를 제대로 알고, 빅데이터 부서와의 커뮤니케이션을 주도할 수 있어야 한다고 강조한다. 이런 리더들을 비즈니스 부서에 배치하면 내부 분석 역량이 다소 부족하더라도 제대로 분석이 진행되는지 혹은 빅데이터 솔루션 업체가 제대로 개발을 하고 있는지 등 긍정적인 시각에서 업무를 추진하기 때문에 그만큼 성공 가능성은 높아진다.

하지만 빅데이터가 포함된 사업 전략 수립 자체도 어려운데 수행

과정 모니터링은 어떻게 해야 할까? 기업 내 빅데이터 담당자들도 용어는 익숙하지만 한 번도 해본 적이 없기 때문에 목표를 달성하려면 어디서부터 뭘 해야 할지 모르겠다는 고민을 많이 한다. 담당자들 중에는 인공지능 관련 알고리즘을 마치 엑셀에서 함수를 불러다 사용하듯, 딥러닝도 오픈소스 소프트웨어에서 불러다 사용하면 된다고 오해하는 사람도 있어 빅데이터나 머신러닝 분석 환경 제공을 요구하는 경우도 있었다. 현업의 참여가 중요하니 프로젝트를 진행할 때마다 업무 담당자를 참여시켜달라는 요청도 있었다. 머신러닝 알고리즘의 정확도를 잘못 측정하는 경우도 있었고, 외부에서 개발된 알고리즘을 제대로 이해하지 못해 사용에 어려움을 겪는 경우도 있었다. 분석 담당자들의 생각은 천차만별이었다. 이는 빅데이터 담당자들이 빅데이터 분석 단계별로 분석이 제대로 진행되고 있는지 체크할 수 있는 리스트가 없어서 발생한다.

현재 수행하고 있는 빅데이터가 포함된 사업과제들이 제대로 진행되고 있는지 스스로 점검해서 방향을 잡아갈 수 있도록 기업 특색에 맞는 체크리스트가 있어야 한다. 빅데이터 분석 열 개 과정별로 분석이 제대로 진행되고 있는지 평가할 수 있는 체크리스트를 정리해보았다. 상세한 체크리스트는 기업 특성에 맞게 만들어야 하기 때문에 〈표 6-2〉를 수정해서 사용하면 된다. 체크리스트를 만들어 진행 상황 모니터링에 반복적으로 사용하다 보면 기업에 맞도록 보완할 수 있는 역량까지 개발될 것이다.

표 6-2 빅데이터 분석 체크리스트 예시

번호	단계	하위 과정	체크 포인트
1	빅데이터 사전처리 및 특징변수 추출	가설 수립 및 데이터 수집	• 새로운 가설이 기존 가설과 차이가 있는가? • 기존 가설의 문제점을 새로운 가설이 해결할 수 있는가? • 데이터 수집 항목이 수립된 가설을 입증할 수 있는가? • 데이터 수집 항목 중 수집이 불가능한 항목은 없는가? • 수집 불가능한 데이터인 경우 간접적으로 연관성이 있는 데이터로 대체가 가능한가? • 수집된 분석 변수는 모두 독립적인가? 　예) 6개월간 카드 미사용 고객을 이탈 가능 고객 종속변수로 선정했는데 분석변수에 카드 미사용 기간을 사용하면 목표값과 동일한 의미인 카드 미사용 기간이 가장 우월한 분석변수로 선정되는 오류 발생. • 기업 내 분석을 위해 데이터를 모아놓은 데이터웨어하우스 외에 단위 업무 시스템에 있는 데이터까지도 수집 대상 후보 리스트에 포함했는가?
2		차원의 저주 확인	• 중복이나 노이즈 제거, 데이터 값이 없는 경우 등 데이터베이스의 기초 클렌징을 수행했는가? • 점검 기준에 따라 기초 클렌징 결과물을 검증했는가? • 분석 변수별로 측정될 수 있는 최저값부터 최고값을 확인했는가? • 최저값과 최고값 사이에 데이터들이 구간별로 고르게 분포되어 있는가? • 수집된 데이터들이 최저값과 최고값 사이에서 충분히 조밀한 간격을 보이는가? 　예) 온도 센서가 최저 0℃에서 100℃ 사이에 값을 갖는데 측정값이 0~70℃까지밖에 없다면 데이터가 없는 구간이 있어 최종 결과에 영향을 미친다면 71~100℃까지 데이터를 추가로 확보해야만 온도 센서 데이터를 분석에 활용할 수 있음.

3		특징변수 추출	• 수집한 분석변수를 차원의 저주에 해당되지 않을 정도의 개수 조합으로 구분해서, 간단한 알고리즘(저층의 딥러닝 알고리즘 등)을 활용해 정확도를 확인했는가? • 위 분석 결과를 기반으로 분석변수 중 바로 특징변수로 사용할 수 있는 가능성이 있는지 확인했는가? • 간단한 알고리즘으로 분석변수들을 결합해서 새로운 특징변수 하나로 만들 수 있는지 확인했는가? • 특징변수를 추출할 수 있는 적합한 알고리즘은 선정되었는가? 선정 근거에 동의하는가? • 새롭게 도출된 특징변수는 물리적인 혹은 비즈니스적인 의미를 가지고 있는가? • 도출된 특징변수를 다양한 조합으로 구성해서 다시 간단한 알고리즘을 통해 결과가 수렴되는지 확인했는가? • 특징변수 도출을 위한 과정이 얼마나 반복적으로 수행되었는가? 각 단계마다 도출된 특징변수들이 간단한 테스트 알고리즘의 정확도를 개선시켰는가?
4	알고리즘 선정 및 학습	시각화를 통한 알고리즘 선정	• 알고리즘 분석 인력들이 고차원 특징변수를 2~3차원으로 축소한 경험이 있는가? • 차원 축소 알고리즘을 제대로 선정했는가? • 차원 축소 후 데이터 분포도를 그렸을 때 분석 목적에 맞는지 확인했는가? 　예) 분류가 분석 목적이라면 저차원으로 시각화된 데이터가 집단 간 구분할 수 있을 정도로 떨어져 있는지 점검. • 시각화를 통해 데이터를 분석한 결과 초기에 수립한 가설과 상충되는 부분이 있는지 확인했는가?
5		알고리즘 개발	• 선정된 알고리즘이 오픈소스 소프트웨어로 존재하는지 확인했는가? • 오픈소스에 존재한다면, 분석 인력들이 그 알고리즘에 글로벌 데모 사이트에서 제공하는 데이터를 적용해서 만족스러운 수준의 결과를 얻어낼 수 있는가? • 오픈소스에 존재하지 않는다면 대체할 수 있는 알고리즘이나 관련 이론들을 찾을 수 있는가? • 기업 내부나 외부에 대체 알고리즘을 개발할 수 있는 가능성이 있는가? • 선정된 특징변수의 특징에 맞게 알고리즘 일부를 수정할 수 있는지 확인했는가?

6	알고리즘 학습	• 특징변수들을 무작위로 추출해서 학습 및 테스트 데이터 여러 개로 구분했는가? • 학습 및 테스트 데이터별로 학습 결과에 편차가 어느 정도인지 확인했는가? • 학습된 결과를 평가할 수 있는 기준이 분석 목적에 적합한지 확인했는가? 예) 이탈 고객을 제대로 인식하는 정인식률로만 평가했는데 정상 고객을 정상 고객으로 인지하는 인식률은 낮을 수 있기 때문에 이런 경우 두 가지 정인식률을 기준으로 사용해야 함.
7	알고리즘 테스트	• 데이터에 노이즈 등 왜곡이 발생했을 때도 예측 성능을 보장할 수 있는지 내구도를 확인했는가? • 분류나 군집분석 시 특정 분류나 군집에 속한 데이터의 비중이 상대적으로 낮아 실제 업무에 적용 시 왜곡 발생 가능성을 점검했는가?
8	이해 가능한 규칙 도출 / 규칙 추출 알고리즘 선정	• 선정된 학습 알고리즘의 규칙을 추출할 수 있는 알고리즘에 대한 시장조사를 했는가? • 규칙 추출 알고리즘이 존재하지 않을 경우 비즈니스 담당 부서가 블랙박스 형태의 결과를 받아들일 수 있는지 수용성을 확인했는가? • 규칙 추출 알고리즘을 비교하기 위한 담당 업무 전문가들의 지식을 테스트 규칙으로 확보했는가? • 도출된 규칙들을 줄일 수 있는 축소 알고리즘을 확보했는가?
9	규칙 축소	• 축소된 규칙 개수를 비즈니스 부서가 수용할 수 있는지 확인했는가? • 축소로 인한 정확도 훼손이 크지는 않은가?
10	규칙 테스트	• 추출된 규칙이 비즈니스 의미를 제대로 전달할 수 있는지 확인했는가? • 실제 업무에 적용해본 결과를 분석해서 처음부터 다시 분석 프로세스를 수행할 필요가 있는지 점검했는가?

8

빅데이터 플랫폼 구축 로드맵

구글, 페이스북 같은 기업들이 내부적으로 개발한 인공지능 알고리즘을 오픈소스로 공개하면서 많은 오픈소스 기반 플랫폼 개발 기업들이 저렴한 개발 비용을 강점으로 부각하고 있다. 맞는 말이지만 구글, 아마존과 같이 내부에 풍부한 전문 인력이 있어 플랫폼을 직접 개발하고 운영하는 기업들과 일반 기업은 다르다. 대부분 기업들은 생소한 오픈소스 기반의 빅데이터 플랫폼을 운영하기 어렵다. 오픈소스 기반의 빅데이터 플랫폼을 이해해서 기업 특성에 맞게 맞추려면 수많은 비용과 시간을 지불해야 할지도 모른다. 그렇게 되면 기존 분석 시스템 대비 개발 비용은 저렴할지 몰라도 매우 높은 유지 보수 비용이 발생할 것이다.

돈이 보이는 빅데이터

미국의 분석 전문 컨설팅 기업 코리오스Corios 조사에 의하면, 제 4차 산업혁명의 선두 기업들이 많은 미국은 최근 금융기업들이 오 픈소스 기반의 빅데이터 플랫폼 도입을 가장 적극적으로 검토하고 있고, 각 기업의 분석 담당 임원들은 오픈소스 기반의 빅데이터 플 랫폼 성공 사례를 간절히 찾는 중이라고 한다. 코리오스가 금융기 관 임원들을 인터뷰한 내용을 간략히 소개한다.

- 미국 리딩뱅크Leading Bank는 오픈소스 기반의 빅데이터 플랫폼 도입 을 위한 계획을 4년에 걸쳐 신중하게 검토했지만 플랫폼 개발과 유지 보수에 들어가는 비용이 너무 커서 도입을 주저하고 있다.
- 업계 10위 안에 드는 손해보험 회사는 18개월에 걸쳐 오픈소스 기반 의 빅데이터 플랫폼을 개발했는데, 오픈소스 알고리즘을 머신 하나에 서 학습시켰을 때와 오픈소스 기반의 분산·병렬 처리 형태로 학습시 켰을 때 결과가 다르게 나와 고민하고 있다.
- 미국 내 리딩 신용카드는 오픈소스 알고리즘을 개발할 수 있는 언어 가 다양하기 때문에 오픈소스 플랫폼에 기업의 모든 업무 시스템을 이전할 경우 발생할 수 있는 다양한 문제들(예를 들면 개발자가 이직할 경 우 알고리즘을 다른 언어로 전환하는 데 들어가는 막대한 비용) 때문에 도입을 고민하고 있다.
- 리딩 생명보험 기업은 오픈소스 기반의 빅데이터 플랫폼을 실제 업무 에 적용하고자 했으나 시스템을 제대로 이해하는 내부 인력이 없고,

애매모호한 부분이 너무 많아 도입을 주저하고 있다.

오픈소스 기반의 빅데이터 플랫폼 도입에 대해 같은 고민을 한 적이 있다. 매스 마케팅에서 고객 개개인에 대한 빅데이터 마케팅으로 전환하기 위해서는 고객별로 인공지능 알고리즘을 구동시켜야 한다. 성능 좋은 시스템 몇 개보다는 성능이 좀 떨어지더라도 많은 수의 저가 시스템에 분산시켜 병렬로 처리하는 것이 효과적이기 때문이다. 데이터 양은 그리 많지 않지만 패턴이나 연속성 분석 등 상당히 복잡한 머신러닝 알고리즘 여러 개가 고객 수만큼 필요하고, 여러 번 분석해야 하기 때문에 분산·병렬 처리가 아주 중요하다. 마이크로소프트도 넥스트 렘브란트 프로젝트를 수행하기 위해 리눅스 가상머신을 분산·병렬 처리해서 기존보다 약 1,000배 정도 많은 수의 알고리즘을 수행할 수 있었다고 한다. 따라서 사내 분석 인력들도 오픈소스 기반의 빅데이터 플랫폼 도입의 필요성을 공감하고 있었다.

이런 이유 때문에 내부 IT 담당자들로 임시 조직을 구성해 도입 가능성을 검토했지만, 빅데이터 플랫폼을 먼저 도입한 국내 성공 사례가 없어서 추진하기 힘들다는 의견이 많았다. 많은 기업들이 머신러닝 알고리즘을 단순 분석 용도로만 사용하기 때문이었다. 알고리즘이 빅데이터 마케팅에 필요한 모든 분석을 해주고 마케팅 담당자가 의사결정만 하면 되는 형태, 즉 업무 시스템과 분석 시스템

돈이 보이는 빅데이터

을 결합해서 사용하는 수준까지 도달한 기업은 없었다.

미국 금융기업들의 첫 번째 사례처럼 오픈소스 기반의 빅데이터 플랫폼 개발 비용은 적을지 모르지만, 시행착오로 인한 재개발로 유지 보수까지 고려할 경우 더 많은 비용이 든다며 반대하는 의견도 있었다. 하지만 네 번째 사례에서 보듯 기업 내부에 오픈소스나 딥러닝 알고리즘 그리고 하둡이라는 새로운 분산·병렬 처리 기술을 경험해본 인력 부족으로 생기는 성공에 대한 낮은 자신감, 실패에 관대하지 않은 금융기업 문화 등도 도입을 주저하는 이유 중 하나였다.

도입은 했지만 실무에 적용이 어려워 고민하는 기업들도 있다. 결국 미국 금융기업 사례에서와 같은 고민을 할 수밖에 없었다. 오픈소스 기반의 빅데이터 플랫폼을 도입했거나 도입을 추진하고 있는 기업이라면 이런 고민을 한 번쯤은 했을 것이다. 물론 이 문제는 각 기업의 선택에 달렸지만, 향후 디지털 역량 관점에서 보면 도입을 하고 고민하는 것이 긍정적이라고 본다. 빅데이터 플랫폼을 효율적으로 운영하는 방법은 기업이 인공지능 알고리즘을 어떤 목적으로 활용하는지에 따라 달라지기 때문이다. 결국 개별 기업들이 찾아낼 수밖에 없다.

하지만 엄청난 비용을 투자하고 성과가 없어 고민하고 싶은 기업은 없기 때문에 투자 대비 성과를 극대화하기 위한 오픈소스 기반의 빅데이터 플랫폼 단계적 도입 방안을 제시하려 한다. 오픈소스

그림 6-4 오픈소스 기반의 빅데이터 플랫폼 구축 추천 로드맵

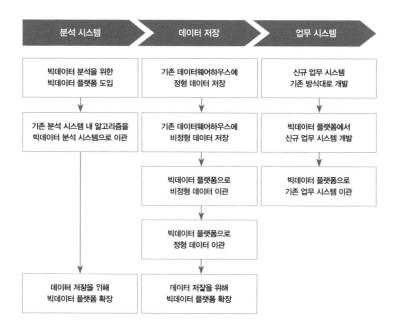

기반의 빅데이터 플랫폼을 도입한 이후 데이터 저장 그리고 업무 시스템까지 단계적으로 확대해가는 것이다.

물론 모든 데이터와 업무 시스템 그리고 분석 시스템을 오픈소스 기반의 빅데이터 플랫폼으로 한꺼번에 이전하는 방식으로 할 수도 있다. 이 방식이 궁극적으로는 맞지만 아직까지 한 번에 퀀텀점프해서 성공한 사례는 전 세계적으로 없기 때문에 신중하게 고려해야 한다. 각 세부 단계는 기업이 보유하고 있는 빅데이터 엔지니어링 역량과 개발 기간 등 제약 조건을 고려하여 조정할 수 있다. 예

돈이 보이는 빅데이터

를 들면 다음과 같다.

- 분석 시스템의 경우 어느 정도 빅데이터 엔지니어링 역량이 있다면, 기존 알고리즘을 빅데이터 플랫폼으로 이관하거나 모든 분석 알고리즘을 빅데이터 플랫폼에서 개발하는 형태로 추진하는 것도 괜찮다. 기존 분석 알고리즘을 빅데이터 플랫폼에 맞게 변환하는 노력은 필요하지만 그리 힘든 일은 아니다. 역량이 부족한 경우, 기존 분석 알고리즘을 이관하지 않고 기존 분석 시스템에서 활용하는 방식을 택하여 좀 더 쉽게 개발해도 된다.

- 데이터 저장도 비정형 데이터의 경우 바로 빅데이터 플랫폼에 저장해도 된다. 이 경우 비정형 데이터는 원래 파일 형태로 저장되기 때문에 빅데이터 플랫폼에 저장하기 위한 데이터 사전 처리가 필요하지 않다. 빅데이터 플랫폼을 통한 데이터 관리 및 운영 역량을 어느 정도 갖고 있다면 처음부터 정형, 비정형 데이터 모두 빅데이터 플랫폼으로 이관하는 것도 괜찮다.

- 업무 시스템을 빅데이터 플랫폼으로 이관하려면 기존 업무 시스템을 재코딩해야 하는데 이때 예기치 않은 오류가 발생할 수 있다. 앞에서 예로 든 미국 손해보험 회사처럼 해결 방안을 못 찾을 경우 업무가 마비되는 재난에 가까운 상황이 발생할 수 있다. 따라서 업무 시스템은 기존 방식대로 개발해도 된다. 이 경우 빅데이터 플랫폼과 기존 업무 시스템을 실시간으로 연결하는 것만 고민하면 된다.

표 6-3 로드맵별 난이도

	업무 시스템		데이터		분석 시스템		난이도	비고
	기존	신규	정형	비정형	통계분석	머신러닝		
1	기존 방식	기존 방식	DW* 활용	DW 활용	기존 시스템	기존 시스템	☆	
2	기존 방식	기존 방식	DW 활용	DW 활용	기존 시스템	BDP* 활용	★	
3	기존 방식	기존 방식	DW 활용	DW 활용	BDP 이관	기존 시스템	★	
4	기존 방식	기존 방식	DW 활용	BDP 활용	기존 시스템	BDP 활용	★★	
5	기존 방식	기존 방식	DW 활용	BDP 활용	기존 시스템	BDP 활용	★★★	
6	기존 방식	기존 방식	DW 활용	BDP 활용	BDP 이관	기존 시스템	★★★★	추천
7	기존 방식	기존 방식	BDP 이관	BDP 활용	기존 시스템	BDP 활용	★★★★	
8	기존 방식	기존 방식	BDP 이관	BDP 활용	기존 시스템	BDP 활용	★★	
9	기존 방식	기존 방식	BDP 이관	BDP 활용	BDP 이관	BDP 활용	★★★★	
10	기존 방식	BDP 활용	DW 활용	BDP 활용	기존 시스템	BDP 활용	★★★★	
11	기존 방식	BDP 활용	DW 활용	BDP 활용	BDP 이관	BDP 활용	★★★★★	
12	기존 방식	BDP 활용	BDP 이관	BDP 활용	기존 시스템	BDP 활용	★★★★	
13	기존 방식	BDP 활용	BDP 이관	BDP 활용	BDP 이관	BDP 활용	★★★★★	
14	BDP 이관	BDP 활용	BDP 이관	BDP 활용	BDP 이관	BDP 활용	★★★★★★	

* DW: 데이터웨어하우스 / BDP: 빅데이터 플랫폼

다시 말하지만 오픈소스 기반의 빅데이터 플랫폼 구축 추천 로드맵은 각 단계마다 개발하고 운영해본 경험을 축적하여 다음 단계로 넘어갈 때 시행착오 시간을 상당히 줄일 수 있도록 고안된 방안이

지 반드시 이렇게 해야 된다는 것은 아니다.

추천 로드맵을 기반으로 각 기업의 경험과 역량 등을 고려하여 가능한 로드맵들을 업무 시스템과 데이터 및 분석 시스템 관점에서 〈표 6-3〉으로 정리했다. 각 기업마다 빅데이터 플랫폼 도입을 통해 얻고자 하는 목적이 다르기 때문에 목적과 난이도에 따라 도입 로드맵을 구성하면 된다. 목적이 변경될 경우 오픈소스 빅데이터 플랫폼을 활용하지 않는 기존 분석 시스템, 데이터 및 업무 시스템들을 한 번에 하나씩 빅데이터 플랫폼으로 전환하는 것도 훌륭한 전략이 될 수 있다.

기업 역량에 맞는 최적의 로드맵이 결정되면 남은 일은 상용 빅데이터 플랫폼을 도입할 것인지 아니면 자체 개발할 것인지 결정하는 것이다. 상용 빅데이터 플랫폼을 도입한다면 다양한 제품 중 어떤 것을 선정할지 결정해야 하는데 이 부분이 쉽지 않다. 인공지능이나 머신러닝 알고리즘을 개발한다고 치면, 구글이 제공하는 텐서플로, 페이스북이 제공하는 토치, 아니면 마이크로소프트 애저Azure를 플랫폼으로 사용할지에 따라 결과가 달라진다. 각 플랫폼이 제공하는 인공지능 혹은 머신러닝 알고리즘의 장단점이 다르기 때문에 최종 결과물에 미치는 영향이 상당히 크다. 모든 알고리즘 플랫폼을 사용하고 싶겠지만 그런 인력을 찾는 일 자체가 어렵기 때문에 선택과 집중을 해야 한다. 제품마다 장단점이 서로 다른 만큼 기업이 추구하는 빅데이터 전략에 맞는 플랫폼을 선정하는 게 매우

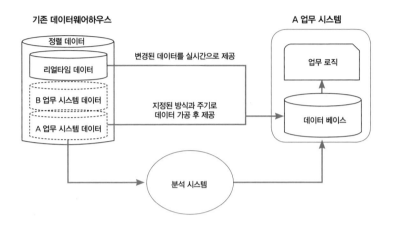

그림 6-5 기존 업무 시스템과 데이터웨어하우스 연계도

중요하다.

다음으로 오픈소스 기반의 빅데이터 플랫폼을 실제 업무 시스템과 어떻게 연계해야 하는지, 어떤 성과를 얻을 수 있을지 생각해야 한다. 현재 기업 내 기존 업무 시스템에 데이터를 제공하는 데이터 웨어하우스는 〈그림 6-5〉처럼 연결되어 있다. 업무 시스템은 대부분 별도 데이터베이스를 가지고 있다. 일정 주기로 지정된 형태의 데이터를 데이터웨어하우스로부터 받아 별도 보관한 후, 업무 시스템에서 업무 로직과 저장 공간에 있는 데이터를 연결한다. 데이터 중요도에 따라 신속히 처리해야 되는 경우 빠른 업무 처리가 가능한 이유다. 그림에서 보다시피 데이터웨어하우스와 업무 시스템에 많은 양의 동일한 데이터가 중복적으로 저장될 수밖에 없다.

돈이 보이는 빅데이터

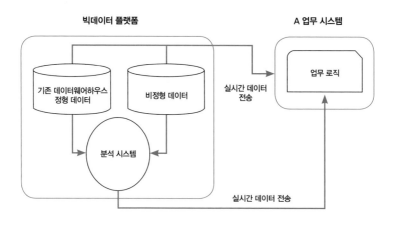

그림 6-6 빅데이터 플랫폼 업무 시스템과 오픈소스 빅데이터 플랫폼 연계도

빅데이터 플랫폼

A 업무 시스템

기존 데이터웨어하우스 정형 데이터

비정형 데이터

업무 로직

실시간 데이터 전송

분석 시스템

실시간 데이터 전송

　하지만 빅데이터 플랫폼이 도입된다면 〈그림 6-6〉처럼 기존 업무 시스템에 데이터를 실시간으로 제공하는 것이 가능해진다. 그러면 기업 내에 산재된 데이터 중복 문제가 해결되기 때문에 데이터 관리 측면에서 효율성과 편의성이 높아진다. 하지만 전제조건이 있다. 빅데이터 플랫폼이 기존 데이터웨어하우스로부터 필요한 데이터를 실시간으로 제공받을 수 있고, 업무 시스템에 어떤 상황이 발생하더라도 실시간 데이터 제공을 보장해줄 수 있어야 한다. 이런 전제조건이 기업들이 빅데이터 플랫폼 도입을 주저하게 만드는 가장 큰 원인이다. 빅데이터 플랫폼을 업무 시스템과 실시간으로 연결하여 성공한 사례가 국내에는 아직 없기 때문이다.

　구글이나 아마존 같은 기업들은 이런 구조를 실제로 구축해서 사용하고 있는데 왜 일반 기업들은 불가능하다고 여기는 것일까? 이런 기술을 보유했다고 생각되는 국내 기업과 국내에 지사를 두고 있는 클라우데라Cloudera, 맵알MapR, 스플렁크 등 외국 기업들에게 업무 미팅을 통해 질문한 적이 있다. 본사나 아시아 지사에서 온 임원들은 가능하다고 말했지만 국내 지사는 소극적인 답변을 했다. 이런 상황은 미국 금융기업들 사례와 큰 차이가 없다.

이 문제로 고민할 때 미국 빅데이터 플랫폼 기업인 클라우데라의 공동 창업자이자 기술총책임자를 만날 수 있는 기회가 있었다. 필자가 추천한 빅데이터 플랫폼 구축 시 전제조건을 어떻게 해결할 수 있는지 물어봤다. 그는 해외 기업들도 동일한 질문을 하는데, 클라우데라는 자사의 빅데이터 플랫폼 솔루션 판매에 집중하는 것이 기업 방침이라 그 부분을 직접 해결해줄 수는 없지만, 그런 선제조건을 해결할 수 있는 다수의 파트너사가 있어서 기업들에게 그런 파트너사를 소개해주고 있다고 했다. 즉, 해외에서 온 인력들은 그런 사례들을 봤기 때문에 가능하다고 하는 것이다. 국내 지사는 본사 방침에 따라 판매하는 솔루션에 그런 서비스가 포함되어 있지 않아 어렵다는 답변을 한 것이었다. 이렇게 온도 차가 극명했던 이유는, 국내는 미국과 달리 빅데이터 관련 생태계가 세분화되어 있지도 않고, 그런 역량을 찾는 기업들이 많지 않기 때문이다. 결국 국내에서 빅데이터 플랫폼을 업무 시스템과 실시간으로 연계하려면 기업 스스로 많은 시행착오를 거쳐서 기술을 확보해야 하는 상황이다.

돈이 보이는 빅데이터

아마존처럼 새로운 비즈니스를 창출하려는 기업이라면 오픈소스 기반의 빅데이터 플랫폼을 도입하여 업무 시스템과 실시간 연계 시 발생하는 문제들을 스스로 풀어보는 것을 추천하고 싶다. 업무 시스템마다 개발 방식에 따라 빅데이터 플랫폼과 실시간 연계하는 방법은 다를 수 있지만, 하나의 업무 시스템과 연계에 성공하면 개발 방식이 다른 업무 시스템과 연계에 필요한 기술이 상용화되지 않더라도 업무 연계를 수행하는 데 큰 기반이 되어줄 것이다. 또한 빅데이터와 머신러닝 그리고 인공지능으로 만들어낸 새로운 비즈니스에 대한 막강한 진입장벽을 갖게 되어 상당 기간 기업 수익이 증대할 것이다.